원점에 서다

옮긴이 **강을수**
충남대 수학과를 졸업했으며 JEMCO 서울지사장으로 재직했다.

스페셜 에디션
원점에 서다

개정판 1쇄 발행 2019년 11월 30일

지은이 — 사토 료
옮긴이 — 강을수
펴낸이 — 최용범

편 집 — 김소망, 박호진
디자인 — 김태호, 장원석
관 리 — 강은선

펴낸곳 — 페이퍼로드
출판등록 — 제10-2427호(2002년 8월 7일)
주 소 — 서울시 동작구 보라매로5가길 7 1322호
이메일 — book@paperroad.net
페이스북 — www.facebook.com/paperroadbook
전 화 — (02)326-0328
팩 스 — (02)335-0334

ISBN 979-11-967935-6-2(03320)

이 도서의 국립중앙도서관 출판예정도서목록(CIP)은 서지정보유통지원시스템 홈페이지(http://seoji.nl.go.kr)와 국가자료종합목록 구축시스템(http://kolis-net.nl.go.kr)에서 이용하실 수 있습니다. (CIP제어번호 : CIP2019043948)

원점에 서다

사토 료 지음, 강을수 옮김

페이퍼로드
paperroad

차례

VI
목적형
인간
Object-Oriented
Human-being

일러두기

1. 이 책은 『원점에 서다』와 『살아남는 회사』, 『사장의 원점』 일부를 합본한 스페셜 에디션이다.

저의 저서 『원점에 서다』를 한국에서 발행하게 된 것을 매우 기
쁘게 생각합니다.

또한 한국의 독자분들이 저의 저서를 읽으시고 실제로 어떻
게 느끼고 받아들이실 것인가 하는 점이 저로서는 매우 궁금합
니다.

『원점에 서다』는 초판이 발행된 이래 오늘까지 여러 번 증쇄
를 거듭하고 있습니다. 이제까지 저는 기술적이고 딱딱한 책만을
저술해 왔을 뿐, 일반사회인이나 샐러리맨을 대상으로 하는 경영
서는 『서바이벌 컴퍼니』가 처음이었습니다. 그러다가 그 당시의
경험을 통해 세상의 많은 사람들이 이해하기 쉬운 내용의 책을
바라고 있다는 사실을 절실히 느껴서 『원점에 서다』를 집필하게
된 것입니다.

저는 국내외의 여러 기업을 방문하여 여러 가지 문제점을 직
접 들어왔습니다. 그러다보니 인간이란 자기도 모르는 사이에 목

적을 잊고 현재 하고 있는 행위와 행동의 개량 및 개선에만 급급해 하는 일이 너무나도 많다는 사실을 깨달았습니다.

초심으로 돌아가라, 초심을 잊지 마라, 최초에 목적이 있다 등은 오랜 옛날부터 익히 들어온 말이며 흔히 하는 말이어서 독자 여러분에게 있어서도 생소한 말은 결코 아니겠지만 알고 있다는 것과 실천하고 있다는 것과는 아무래도 관계가 없는 것 같습니다.

이 책은 목적이라는 것이 도대체 무엇인가부터 시작해서 사회라든가 기업 내의 온갖 사례를 들어가면서, 목적을 깊이 생각하지 않았기 때문에 얼마나 우스꽝스러운 현상이 일어나고 있는가를 모든 각도에서 서술하고 마지막 장에서는 어떻게 해야 목적을 잘 이룰 수 있을 것인가를 간추려 엮은 것입니다.

이 책이 여러분의 행동에 곧바로 도움이 될 수 있다면 그 이상의 행운은 없을 것 같습니다.

끝으로 이 한국어판 발행을 맡아 주신 한국 JEMCO 하덕용 대표 및 번역을 맡으신 강을수 선생님 두 분께 이 자리를 빌어 감사의 뜻을 밝힙니다.

사토 료

I

BACK

잊힌 목적

TO THE

Forgotten Purpose

BASICS

아침에 일어나서 잠자리에 들기까지 우리가 하는 모든 일을 떠올려보자. 목적 없이 이뤄지는 일이 하나라도 있을까? 하지만 우리들은 그 사실을 분명히 인식한 채 행동하진 못한다. 아무 생각 없이 습관적으로 움직이며 아까운 시간과 에너지를 낭비하고 있다. 이 일을 도대체 왜 하는지, 이것이 왜 필요한지, 다시 말해 일의 목적이 무엇인지를 끊임없이 생각해 보도록 하자. 단지 일의 목적을 상기하는 것만으로도 일과 삶 전체가 엄청나게 바뀌는 것을 느낄 수 있을 것이다.

샐러리맨과 주차

주차를 위해 지하철을 타다 _____

어떤 직장인이 꿈에 그리던 차를 사기 위해 매달 꼬박꼬박 저금을 했다. 그리고 마침내 소망하던 승용차를 샀다. 그는 날마다 새 차를 몰고 회사로 출근할 생각에 이만저만 기쁜 게 아니었다. 매일 아침 교통상황을 체크하면서 '몇 시에 집에서 출발해야 도심에 있는 회사까지 지각하지 않고 출근할 수 있을까' 치밀하게 계획을 짠 후 차를 몰고 나섰다.

그럼에도 그는 날마다 지각하기 일쑤였다. 이유는 주차였다. 회사 근처 주차장은 늘 차들로 꽉 차 있어서 빈 공간을 찾기 쉽지 않았다. 할 수 없이 그는 엉뚱한 곳에 차를 주차시켜 놓고 회사까지 5분, 때로는 10분이나 걸어서 출근하는 일이 잦아졌다.

그는 여러 모로 궁리를 하다가 한 가지 결론을 내렸다.

'어쩔 수 없지. 더 빨리 집에서 출발하는 수밖에.'

이튿날 그는 꼭두새벽에 차를 몰고 집을 나섰다. 역시나 길이

텅 비어 있었다. 신나게 차를 몰아 일찌감치 회사 근처 주차장에 도착했다. 예상했던 대로 주차장도 텅텅 비어 있었다. 그는 신이 나서 가장 좋은 자리에 차를 주차했다.

'역시 빨리 출발하니까 좋군. 제일 좋은 자리를 차지할 수도 있고.'

그런데 정작 그 다음이 문제였다. 출근 시간이 되려면 아직도 두 시간이나 남아있었다. 회사 문은 닫혀 있는데다 근처의 카페 역시 오픈 전이었다. 어디서 시간을 보낼 것인가? 게다가 그는 아침식사도 거르고 나온 터였다.

문득 배고픈 것까지 참아가며 길에 넋 놓고 서있을 수는 없다는 생각이 들었다. 그는 가까운 역으로 걸어가서 지하철을 타고 일단 집으로 돌아갔다. 그런 뒤 아침 식사를 하고 다시 출근 시간에 맞춰 지하철을 타고 회사에 출근했다.

목적을 잊은 습관적 행동 ────────

위의 이야기를 들은 독자들은 아마도 이 직장인이 매우 어이없는 행동을 저질렀다고 생각할 것이다. 이 사람은 자신이 하려고 하는 일의 목적이 무엇인지, 문제의 본질을 어떤 식으로 파악해야 하는지 방향을 잡지 못하고 있기 때문이다. 하지만 단지 우스갯소리라고 웃어넘기기엔 아주 중요한 교훈이 숨어있다. 왜냐하면 알게 모르게 우리 역시 일상에서 이런 일을 흔히 저지르고 있기 때문이다.

우리는 아침에 일어나자마자 세수를 하고 이를 닦는다. 이를 닦는 첫 번째 목적은 충치예방일 것이다. 주로 잠자는 동안 충치가 생기므로 어쩌면 밤에 잠들기 전에 이를 닦는 것이 가장 좋을지도 모른다. 아침에 이를 닦은 뒤에 식사를 하고 그길로 출근한다면 온종일 충치가 생길 조건을 갖춘 꼴이 되지 않을까?

독자 중에는 이런 말들이 지나친 비약이라고 생각하는 분들이 있을지도 모른다. 하지만 곰곰이 생각해 보면 본래의 목적이라든가 본질은 잊어버린 채, 단지 습관에 따라서만 행동하는 사람도 많고 앞서 말한 우스갯거리가 될 행동을 일삼는 경우도 흔히 있다.

이 장에서는 문제의 핵심에 접근하기 전에, 일상에서 흔히 일어나고 있는 이와 비슷한 문제에 대해서 잠시 살펴보고자 한다.

도롱이벌레 잡기의 교훈

벌레를 잡을 것인가, 죽일 것인가 ─────────

한 강연회에서 나는 어떤 행동을 시작하기에 앞서 우선 원점으로 돌아가서 목적을 충분히 파악한 다음에 행동해야 한다고 얘기했다. 그러자 한 회사의 총무부장이 이렇게 말했다.

"지금 선생님이 말씀하신 것처럼 저 역시 항상 목적을 생각하면서 행동하고 있다고 자부해 왔습니다. 하지만 그게 결코 쉬운 일이 아니라는 사실을 알아차리고 깜짝 놀랐던 적이 있습니다."

그리고 그는 다음과 같은 이야기를 들려줬다.

이 총무부장은 골프를 매우 좋아해서 일요일이면 빠짐없이 골프장에 갔다. 그런데 어느 날은 아침부터 비가 억수로 퍼부어 '모처럼의 일요일인데 오늘 골프는 틀렸군. 할 수 없이 오늘은 집에서 책이나 읽어야겠다'며 독서에 열중했다고 한다. 그러다보니 한낮이 지나고 비가 그쳤다.

'비가 그쳤네. 정원의 나무들이나 손볼까?'

그렇게 생각하며 마당으로 내려오자, 갓 피어난 싱그러운 초록색 잎이 달린 나뭇가지 곳곳에 도롱이벌레가 집을 지어놓은 것이 눈에 띄었다.

'이런, 이놈들이 언제 집을 지은 거지? 모조리 떼어내야겠군.'

총무부장은 나뭇가지에 매달린 도롱이벌레집을 하나하나 떼어내서 발로 밟았다. 그런데 손이 닿지 않는 높은 가지에도 도롱이벌레가 집을 짓고 있었다.

'저놈의 벌레집을 어떻게 떼어내지? 아, 막대기로 떼어봐야겠다. 그런데 막대기는 어디에서 찾나… 창고에 뭐가 있으려나?'

총무부장은 창고의 허섭스레기 속에서 막대기 두 개를 찾아 들고 나와 마치 젓가락으로 집듯 도롱이벌레집을 떼어보려고 했다. 그런데 쉽지 않았다. 벌레집이 제법 야무지게 매달려있는데 막대기가 굵고 길어 막대기 끝까지 힘이 들어가질 않았다. 고개를 젖힌 채 기를 쓰고 있다보니 마침 집 안에 있던 아들이 마당으로 나오면서 물었다.

"아버지, 뭐 하세요?"

"이놈의 도롱이벌레집을 떼어버리려고. 그런데 좀처럼 잘 되질 않네."

그런데 아들이 갑자기 웃기 시작했다.

"그렇게 해서 다 잡으실 수 있겠어요? 가만 계세요. 제가 몽땅 잡아드릴게요."

아들은 즉시 방으로 들어가더니 굵은 초를 하나 찾아 들고 나와 막대기 끝에 잡아매고는 불을 붙였다. 그러더니 그 막대기를 들어 올려 높은 나뭇가지에 매달린 도롱이벌레집을 하나씩 촛불로 태워서 죽였다. 도롱이벌레집을 떨어뜨릴 필요는 하나도 없었다. 총무부장은 그제야 자신의 생각이 부족했던 걸 깨달았다.

'내가 도대체 왜 그랬지? 떼어내는 게 목적이 아니라 죽여 없애는 게 목적이었는데. 나는 어쩌자고 떼어내는 것에만 집중했을까?'

자신이 목적은 잊은 채 방법에만 사로잡혀 있었다는 사실을 알게 되자 총무부장은 민망해졌다. 그러다가 불현듯 회사 생각이 났다.

'그러고 보면 우리 회사에서도 이런 식의 엉뚱한 짓을 아무렇지 않게 하는 경우가 있는 것 같던데…'

생각할수록 목적은 잊은 채 습관이나 타성에 따라 아무런 의심 없이 되풀이하고 있던 일들이 연거푸 떠올랐다.

"제 체험담인데 부끄럽지만 선생님 강연에 참고가 될 것 같아서 말씀드리는 것입니다"라며 그 총무부장은 민망하다는 듯 웃었다.

건널목지기 과장

모두의 발목을 잡은 영업과장의 밀린 업무 _____

한번은 '간접부문의 효율화'라는 테마로 K상사의 컨설팅 업무를 의뢰받은 적이 있다. 그런데 의뢰 받은 지 20일이 지나도록 영업과장의 얼굴 한번 보기가 힘들었다.

"영업과장님은 오늘도 안 나오셨나요?"라고 계장에게 물으면 "오늘 홋카이도로 출장 가셨습니다", "오늘은 제3회의실에서 전국판매점회의를 하고 계십니다" 등의 대답이 돌아왔다.

과장이 언제나 그렇게 바쁘냐고 묻자 "네. 저희 과장님은 이만저만 바쁘신 분이 아닙니다. 제대로 책상 앞에 앉아있는 날도 거의 없으니까요"라고 대답한다.

계장에게 영업과장의 책상 위에 있는 서류를 봐도 괜찮냐고 물어 승낙을 받았다. 영업과장이 어떤 서류를 결재 처리하고 있는가 알기 위해서였다. 한 장씩 차례로 살펴보다가 뜻밖의 사실을 알아차렸다.

미결서류함에 쌓여 있는 여러 가지 보고서 중에는 결재 마감일이 이미 보름 이상 지난 것도 많았고 처리시한이 임박해서 당장 결재해야 할 서류도 그대로 방치되어 있었다. 20센티미터가 넘게 쌓인 서류더미를 보고 나는 계장에게 말했다.

"결재가 굉장히 많이 밀려 있군요. 이걸 모두 어떻게 할 작정인가요?"

"저희도 걱정됩니다. 하지만 과장님은 보시다시피 저렇게 날마다 바쁘시니 어떻게 합니까?"

계장은 비난도 아니고 동정도 아닌 아리송한 답변을 했다. 나는 그 말을 듣고 '도대체 이 영업과장이라는 분은 관리의 목적이 무엇인지 알고 있는 것일까?' 생각했다.

나는 컨설팅을 위해 방문한 관리직들을 모아 놓고 종종 "관리의 목적은 어디에 있다고 보십니까?"라는 질문을 던진다. 그러나 명확한 답변을 들은 일은 아직까지 단 한 번도 없다.

대부분의 사람들은 다음과 같이 말한다.

"우선 어떤 기준에 의거해서 계획을 세웁니다. 그리고 이를 실천해 나가는 과정 중, 표준에서 벗어나는 것을 통제합니다. 업무가 끝나면 왜 계획대로 업무가 추진되지 않았는지 철저히 검토해서 다음 단계 계획의 수정 보완에 기여하게 합니다. 관리란 이러한 일련의 사이클이 아닐까요?"

그러나 이런 답변은 어디까지나 미국식의 품질관리기능을 정의하는 말일 뿐 결코 관리의 목적을 설명하는 말이 아니다. 기업에서의 관리 목적은 이미 명확하게 밝혀져 있다. 그것은 바로 기업의 리스크를 최소로 줄이고 이익을 최대한 늘리는 것이다. 바꿔 말하면 기업의 활동 과정에서 모든 기회손실을 최소한으로 억제한다는 의미이며, 좀 더 솔직하게 말한다면 사정이야 어떻든 간에 돈을 벌기 위해 모든 행동과 노력을 다하는 것이다.

그렇다면 이 영업과장의 행위는 회사의 업무 흐름을 방해하며 여러 가지 기회손실을 주고 있다고 말해도 옳을 것이다. 이 과장은 유능한 과장이기는커녕 오히려 회사업무를 저해하고 있는 무능한 과장인 셈이다.

반면 영업과 바로 옆의 업무과 과장은 언제나 책상에 앉아 업무를 하면서, 부하가 결재서류를 들고 오면 "자, 거기 좀 앉아 보게나" 말하고 마주 앉아서 업무내용의 설명을 듣는다. 그리고 정확한 분석과 판단을 내려서 수정지시를 하거나 실행에 옮기게끔 처리한다. 하지만 업무과의 직원들은 '우리 과장님은 회의에도 별로 참석 안 하고 자리만 지키고 있네. 부장이나 이사진이 별로 알아주지 않는 모양이지?' 생각할 뿐이었다. 한편 항상 자리를 비우고 있는 영업과장에 대해서는 '유능하고 바쁘니까 책상에 앉아 있을 시간도 없는 거지. 다른 과의 별 볼일 없는 과장들과는 다른 사람이야'라며 대단히 착각하고 있었다. 과장도 계장도 종업원도 관리의 진정한 목적을 이해하지 못하고 있기 때문에 이와 같은 그릇된 평가를 내리게 되는 것이다.

영업과장은 나와 면담 약속을 했으면서도 긴급한 회의가 있다며 매번 약속을 어겼다. 어느 날은 안되겠다 싶어 한 가지 계략을 꾸몄다. 영업과의 계장과 직원들에게 다음과 같이 말한 것이다.

"이 과장님 같은 분을 저는 '심술궂은 건널목지기'라고 부릅니다."

"그게 무슨 말씀이세요? '심술궂은 건널목지기'라는 것이?"

"여러분도 아실 거예요. 대부분의 건널목지기야 마음씨가 곱지만 심술궂고 억지만 부리는 건널목지기는 차단기를 내려 버리죠. 그렇게 되면 차들은 순식간에 줄줄이 늘어서게 되고요. 한동안 지루하게 기다려야만 기차가 지나가니 차를 타고 기다리던 사람들 모두가 짜증을 냅니다. 심술궂은 건널목지기는 느릿느릿 차단기를 올리면서 '어떠냐? 내가 차단기를 내려놓으면 너희들 모두 꼼짝도 못하지!'하고 잘난 척 합니다. 영업과장님께서 설마 그럴 리야 없겠지만 제가 보기에는 꼭 그렇게 보이거든요."

이렇게 말하자 모두들 무슨 말인지 알겠다는 듯 웃었다.

"선생님 말씀이 딱 맞네요. 사실 저희도 차단기가 내려져 있어서 꼼짝 못하는 경우가 많다니까요."

평소 영업과장의 결재가 늦어서 짜증을 내던 직원들은 그날 이후 말끝마다 "우리 건널목지기 과장이 말이야"라고 말하기 시작했다.

얼마 후 그 소문이 영업과장 귀에도 들어간 모양이다. 당황한 목소리의 전화가 걸려왔다.

"선생님, 틈나는 시간을 말씀해 주십시오. 제가 만사 제쳐 두고 찾아뵙겠습니다."

그가 이제까지의 자세를 바꾸고 하도 간곡히 청하기에 시간을 내어 만나자, 그는 대뜸 이렇게 말했다.

"선생님도 참 너무 하셨습니다. '건널목지기 과장'이란 말씀에 제가 완전히 KO 당했거든요. 그런데 곰곰이 생각해보니 정말이지 제가 잘못했더라고요. 크게 반성했습니다. 이제부터는 절대로 쓸데없이 설치지 않고 영업과 본래의 업무처리부터 착실하게 해나가겠습니다. 선생님 덕분에 많은 것을 배웠습니다."

과연 능력 있는 과장답게 반성 후의 행동도 재빨랐다. 그날 이후 그 회사의 사무합리화는 내 예상을 앞질러 급속하게 진전되었다.

하늘의 소리, 땅의 소리

서류에 대한 상사와 부하의 고백 _____

내가 다니는 회사에는 품의 결재라는 것이 없다. 뿐만 아니라 일반 회사라면 어디나 있는 서류도 거의 없다. 부장결재, 과장결재 따위의 결재 서명 날인을 하는 서류라곤 전혀 찾아볼 수 없다. 나는 이런 것들이 없어도 회사의 경영·관리에는 아무 지장이 없다는 신념으로 회사를 운영하고 있다.

그러나 세상의 상식에 따르면 어느 회사이건 문서는 있기 마련이다. 수많은 문서 중에서도 품의서, 기획서 같은 문서는 사원 채용이나 신제품의 연구개발, 다른 기업과의 기술업무제휴, 투자가 따르는 신규설비의 도입 같은 중요 사항을 의결하기 위해 널리 사용되고 있다.

하지만 사실상 이런 서류가 수북하게 쌓인다 해서 목적이 충분히 이루어진다고 볼 수는 없다. 아무리 생각해봐도 어째서 이런 문서 제도가 정착되었을까 하는 서글픈 마음을 금할 길이 없다. 독자들께서는 다음과 같은 말을 하는 사람들도 있다는 사실에 유의하여 귀 기울여 주시길 바란다.

"도대체 연구소의 업무를 뭐라고 생각하고 있는 건지 모르겠어. 기획에서 조사, 연구, 개발, 그리고 시작(試作)과 양산시작(量産試作), 생산설계까지 프로젝트의 모든 단계마다 밤을 새워 가면서 시간단축을 위해 전력을 기울였는데, 생산준비에 착수할 단계에서 기획품의서를 작성하느라 시간을 엄청 뺏기게 된단 말이야. 그런데 그 품의서가 올라간 지 한 달이 다 됐는데 지금 대체 어디에 처박혀있는 거야, 그 품의서는? 이 회사는 정말 제품을 생산할 의사가 있는 건지 없는 건지. 항상 생각하는 건데, 결재는 부장, 담당이사, 사장만 하면 되는 것 아냐? 어쩌자고 협조 사인을 18개까지 받아야 하는 거야?"

- 단순솔직형 사원의 말

"아니, 그렇게만 단정할 수는 없지. 품의라는 것은 회사에 있어서 반드시 필요한 거야. 설사 단돈 5천 엔인 공구를 하나 구입한다고 해도 관련부서에서 충분히 심의해서 결정해야 되니 21개의 승인도장이 필요하다고. 회사는 각 부서에 권한이양이 되어있고 각 부서에는 고유권한이 있기 때문이지. 만약 그 일이 그렇게 급하다면 직접 서류를 들고 각 부서를 돌면서 설명하면 되지 않겠나? 뭐? 간부들은 출장이 잦아서 자리가 항상 비어 있다고? 그거야 미리미리 조사해 두면 되지 않겠어?"

– 보수신중형 사원의 말

"뭐? 이 품의서가 급한 거라고? 음, 알겠네. 언젠가는 틀림없이 당신이 직접 달려올 줄 알았지. 그래서 일부러 품의서를 붙잡고 기다리고 있었던 걸세."

– 관료독선형 관리직의 말

"여보게, 이 글자는 잘못됐어. 상용한자에 이런 자는 들어 있지 않다네. 그리고 이건 맞춤법도 틀렸고, 여기는 쉼표를 찍어야만 의미가 분명해지잖아. 이 품의서의 회람순서도 좀 잘못됐어. 알겠나? K부장보다 S부장에게 먼저 돌렸어야지. 회사의 서열도 S부장이 위라네. 이런 실수 자주하면 자네 출세에 지장 있네. 이게 다 내가 자네를 높이 평가하고 있기 때문에 친절하게 말해주는 거야. 아, 그리고 이 친구에겐 보낼 것 없어. 이 친구 요즘 일할 의욕도 없는 것 같고 아무도 거들떠보지 않거든. 회사로서도 이 친구 협조 사인은 별 가치가 없다고 보고 있네."

–시어머니형 관리직의 말

"이게 뭐야? 너무 전문적인 보고서라서 무슨 말인지 모르겠는걸. 그렇지만 M부장도 L부장도 사인했으니까 괜찮은 거겠지. 전에도 별일 없었으니까 이번에도 믿어도 될 거야. 책임은 자네가 지게. 나는 자네만 믿으니까."

―책임회피형 관리직의 말

"도대체 이런 품의서가 무슨 소용이 있나? 협조 사인은 또 무슨 필요가 있고. 애당초 예산이 정해져 있으니 예산 안에서 자유재량으로 처리하면 되는 것을 가지고 왜 여러 사람을 번거롭고 귀찮게 만드는 건가? 이거 우리 꼴이 뭐야? 예산으로 묶어놓고 다시 하나하나 모조리 따지고 통제하면 견뎌낼 도리가 있겠나? 그러고도 혹시 일이 잘못되면 책임은 누가 지느냐 말이야. 기안부서가 모든 책임을 지는 거라면 이런 협조 사인은 왜 받으라는 거야? 물론, 난 괜찮아. 책임지고 물러나라면 당장 때려치울 각오가 되어 있지. 그렇지만 다른 사람들도 다 그런가? 협조 사인 한 모든 사람들이 책임지는 거야? 사장까지 결재한 마당에 사장은 전혀 책임이 없나? 사장이 제 손으로 제 목을 쳤다는 말 들어봤나? 그렇기 때문에 나도 어쩔 수 없는 거야. 성질난다고 사표 내면 나만 손해야. 아, 그리고 이것도 말이지…."

―비분강개형 관리직의 말

"품의서라는 형식은 회사에 꼭 필요한 거야. 덕분에 나도 30년 동안 큰 사고 없이 지낼 수 있었지. 더구나 협조 사인이란 것이 있으니까 일이 잘못돼도 책임은 여러 사람에게 분산되기 마련이고 자기가 사인한 이상 기안을 맡은 실무책임자를 마구 공격할 수도 없으니 얼마나 좋은가? 게다가 입안자 역시 여러 사람의 승인을 받을 수 있다면 어느 정도 마음 놓고 지나치게 신경 쓸 일도 없게 되니 협조 사인이야말로 많으면 많을수록 좋지."

―무사안일형 관리직의 말

어느 기업에서나 있을 수 있는 잊힌 목적의 전형적인 현상이다. 진정한 목적을 잊게 되면 각자의 성향과 놓인 위치에 따라 이런 발언들이 위와 아래에서 울리게 되는 것이다.

이해할 수 없는 전결기준

결재 금액의 차이가 직급 차이? _____

우리 회사에는 '전결기준'이라는 것도 없다. 1건에 100만 엔 이상의 광고선전비, 인쇄비, 사무용기기 구입비가 필요하거나 사원이 주택대출금을 얻으려 할 때는 일단 구두로 알려 달라고 요구할 뿐이다. 그 밖의 일은 어떤 일이든 간에 나와 상의할 필요 없이 각자가 책임을 지고 처리하게 되어 있다. 사원들에게는 개별적으로 담당업무가 명확하게 부여되어 있고 연간 달성해야 할 이익목표도 명시되어 있다.

따라서 앞서 말한 1건에 100만 엔 이상이 지출되는 경우를 제외하고는 조직이라든가 각 개인이 책임을 지고 필요한 경비를 자유롭게 사용해도 된다. '정해진 금액 이상을 써선 안 된다'가 중요한 게 아니라 '이 경비로 얼마만큼의 이익을 올릴 수 있는가'가 목표이기 때문에 이를 위한 경비는 결코 아끼지 말아야 한다는 게 요지다.

그러나 다른 회사는 그렇지 않다. 대부분의 회사는 3만 엔까지는 과장전결, 10만 엔까지는 부장전결, 30만 엔까지는 사업소 소장전결, 그 이상은 모두 품의서로 결재된다는 식이다. 시대의 유동성과는 전혀 상관없이 둔감한 규정에 따르고 있는 것이다. 나는 어떤 회사에서 우문이라고도 할 수 있는 질문을 던진 적이 있다.

"이 회사는 어째서 이런 전결기준을 정했습니까?"

"그거야 당연한 일 아닙니까? 적은 금액은 하급관리자가 전결 처리로 해도 별로 크게 문제될 게 없지만 고액인 경우는 아무래 도 사내에서 결정권이 있는 최고간부가 결정을 내려야지요. 간부 들에게는 그만한 경영책임이 있기 때문입니다."

이 회사의 전결기준은 3만 엔까지는 과장, 10만 엔까지는 부 장, 그 이상은 모두 품의 결재를 받은 다음 집행한다는 규정이 마 련되어 있었다.

그런데 여기서 한 가지 흥미로운 사실이 드러났다. 나는 이 회 사 경리과장의 양해를 구하고 과거의 지출실태를 조사했다. 정말 규정대로 집행되고 있는지 살펴봤더니 다음과 같은 사실을 알 수 있었다.

지난 반년동안 과장전결로 끝난 건수는 850건, 부장전결은 120건이었다. 그런데 총액을 따져보니 과장전결분이 2300만 엔 인데 부장전결분은 고작 800만 엔 밖에 되지 않았던 것이다. 큰 액수이기 때문에 상급자가 결재한다는 말은 마치 상급자만이 큰

돈을 주무를 수 있을 것 같다는 인상을 준다. 그러나 현실에서는 과장전결의 지출총액이 부장전결분보다 훨씬 크다. 이쯤 되면 완전히 본말전도라고 할 수 있다. 이런 현실은 지나치게 형식에 얽매이다 보니 전결기준의 목적을 완전히 잊어버린 실례의 전형이 아닐까.

튜너의 마킹

여섯 개 중 한 개꼴로 발생하는 불량품 _____

"선생님, 이거 느닷없이 죄송합니다만 오늘 스케줄은 어떠십니까? 저도 오늘은 틈이 좀 나서 말인데 오랜만에 공장에 함께 가셔서 둘러봐 주시지 않겠습니까?"

이렇게 해서 나는 이 사장과 함께 공장에 가게 됐다. 공장은 TV수상기의 여러 가지 부품을 생산하고 있었다. 이 공장에는 전에도 한 번 와 봤던 적이 있지만 튜너(TV 안테나 단자) 공장에는 그 날이 첫 방문이었는데 그 곳에서 의외의 장면을 목격했다.

컨베이어 벨트를 타고 튜너가 이송되면 날인 공정이 시작된다. 작업자들이 왼손으로 튜너를 집어 들고 오른손에 들고 있던 고무도장에 먹을 찍어 튜너의 특정한 위치에 날인을 하게 되어 있다. 그 다음의 검사 공정에서는 날인이 잘 되어있는지 하나하나 조사해서 합격제품만 포장베이어에 올려놓는다. 그런데 그 검사 공정을 자세히 보니 6개에 한 개 꼴로 튜너를 옆에 놓인 나무

상자에 따로 담고 있었다.

'이건 기종이 다른 두 가지 튜너를 같은 컨베이어 벨트에 실어서 보내기 때문일까?'

처음에는 이렇게 생각했는데 다시 보니 아무래도 그렇지가 않은 모양이다. 포장 공정으로 보내는 튜너도, 나무상자에 들어가는 튜너도 똑같은 규격의 튜너다. 이상하다는 생각이 들어 검사를 맡고 있는 직원에게 물었다.

"아까부터 보고 있자니까 나무상자에 들어가는 튜너가 따로 있던데 그건 왜 거기에 넣는 거죠?"

"아, 그건 말이죠. 이걸 보면 아시겠지만 나무상자에 넣는 것은 먹이 엷게 찍혔기 때문이에요."

"불량품이란 말입니까?"

"예, 그렇습니다."

한 단계 앞의 날인 공정으로 다시 가서 작업하는 것을 자세히 살펴봤다. 작업자들 모두 먹을 한 번 찍어 튜너 6개에 날인을 하고 있었다.

'이렇게 하니까 여섯 번째 튜너에 먹이 엷게 찍히는 게 당연하지. 그런데 왜 직원들은 이제껏 이렇게 간단한 사실을 알아차리지 못했지?'

나는 이렇게 생각하면서 공정 책임자인 검사계장에게 물었다.

"계장님은 검사의 목적이 무엇인지 생각을 해보시고 부하 직원을 지도하시는 거죠?"

"네. 그건 합격품과 불량품을 선별하는 것 아닙니까? 이 공정은 제가 분명히 책임을 지고 수행하고 있습니다."

"검사의 목적이 합격품과 불량품을 선별하는 것이라고 했지요?"

"네. 그렇다고 생각하는데요."

검사계장도 잊은 검사의 진정한 목적

이 검사계장은 실로 엉뚱한 착각을 하고 있다. 합격품과 불량품을 나누는 것은 농협의 귤 출하라면 모를까 공장에서라면 당치도 않은 착각이다. 제조 담당팀은 합격품을 검사 담당팀으로 보내고, 검사 담당팀에서는 그 품질을 보증한다는 것이 각 기업의 상식이 되어 있는 시대다.

"아무래도 계장님은 검사의 목적을 잘 알지 못하고 있는 것 같군요."

"그게 무슨 말씀입니까?

"검사의 목적은 합격품과 불량품을 가려내는 게 아니라 그 제품의 품질을 보증하는 데 있습니다. 생각해보십시오. 제조 공정의 마지막 단계에 검사 공정이 마련되어 있지 않다면 품질은 도대체 누가 보증한단 말입니까? 납입처에서 클레임이 제기되면 누가 나서야 합니까? 품질을 보증한 사람이 나서야 되지 않겠어요? 그렇게 생각하지 않습니까?"

계장은 여전히 이해할 수 없다는 표정이었다. 나는 어느새 열띤 어조로 말하게 됐다.

"불량품이 이런 비율로 나오고 있는데 그것을 방치해둔다는 것은 계장님이 검사의 진정한 목적을 이해하지 못하기 때문입니다. 계장님이 품질을 보증하는 입장이시라면 날인 작업 담당자에게 "먹을 한 번 찍어 6번 마킹을 하면 마지막에는 먹이 제대로 찍히지 않아 불량품이 나옵니다. 그러니까 먹을 한 번 찍어 5개만 마킹을 하세요"라고 말씀하셔야 합니다. 그럼 불량품도 더 이상 나오지 않을 거고요. 어떻습니까, 계장님?"

"아, 그렇겠군요. 이거 정말 부끄럽습니다."

그때까지 검사계장과의 대화를 처음부터 듣고만 있던 사장도 계장처럼 깜짝 놀라는 표정을 지었다. 그때는 사장이 검사계장에게 아무 말도 하지 않았지만 밖으로 나가자마자 내게 이렇게 말했다.

"선생님, 참으로 부끄럽습니다. 저도 많은 것을 깨달았습니다. 우선 저부터 회사의 목적이 무엇인지 항상 마음속에 되새겨야겠군요."

이상한 나라의 원가 계산

품이 더 들수록 이익이 난다? _____

본래 2공정으로 할 수 있는 일을 5공정이나 들여서 하는데도 그 공정이 필요한 부품만으로 무려 연간 452만 엔의 이익을 보는 회사가 있었다. 손해를 보고 있다면 이해할 수 있지만 이익을 보고 있다니 뭔가 잘못된 것이 아닌가? 아무리 상식적으로 생각해봐도 이상한 일이 아닐 수 없다.

이 회사는 어떤 큰 회사의 협력기업으로 프레스와 판금만 전문으로 다루고 있으며, 대형 프레임을 500톤 프레스를 사용하여 5공정으로 가공하는 작업을 한다고 했다.

"500톤이라는 파워가 있다면 굳이 5공정으로 할 필요 없지요. 당연히 2공정으로 할 수 있을 거예요."

우리 회사의 컨설턴트가 자신 있게 새로운 금형 형태를 스케치해가서 생산과장에게 설명했더니 그 생산과장이 웃으면서 말했다.

"저희도 그 점은 잘 알고 있어요. 확실히 2공정만으로도 되는 일이죠."

"그럼 왜 즉시 개선하지 않습니까?"

"그게 글쎄, 2공정으로 할 수도 있지만 2공정으로 하면 손해를 본답니다."

"그게 무슨 말입니까?"

"실은 납품처 발주담당자가 우리 공장의 작업공정을 조사할 때 공정별로 원 펀치에 얼마라는 식의 가공비를 줍니다. 5공정으로 하면 5공정분을 받는데 그걸 억지로 2공정으로 하면 2공정분밖에 못 받습니다. 그렇게 되면 이익의 절대액이 줄게 됩니다. 손해가 날 게 뻔한데 뭐 하러 바보처럼 개선하겠습니까?"

우리 회사 컨설턴트는 어처구니가 없어 벌린 입이 다물어지지 않았다고 한다. 도대체 그 회사에 프레임 가공을 발주하는 바이어는 무엇을 사려고 하는 것일까? 공정을 사려는 것일까? 아니면 거래처가 낳고 있는 부가가치를 사려는 것일까?

사흘 된 시금치가 더 비싼 이유

아마도 이 바이어는 조르주 루오와 피에르 보나르의 그림을 보고 "조르주 루오의 그림은 비싸고 피에르 보나르의 그림은 싸다"고 말할 것이다. 왜냐하면 조르주 루오의 그림은 물감을 많이 써서 진하게 채색되어 있는 반면 피에르 보나르의 그림은 거의 재료비가 들지 않았기 때문이다.

만약 이 바이어가 초밥집을 운영한다면 다음과 같은 방식으로 장사를 할지도 모른다.

"생새우 좀 주세요."

바이어의 초밥집에서는 생새우 초밥을 두 개 내놓는다. 손님이 그것을 먹고 나서 이렇게 묻는다 치자.

"생새우는 얼마입니까?"

"네, 하나에 500엔입니다."

"그거참 비싸네요. 그럼 이 삶은 새우를 주세요."

"네, 잘 알았습니다."

바이어는 삶은 새우 초밥을 두 개 내놓는다.

"이 삶은 새우는 얼마입니까?"

"네, 그건 520엔입니다."

"아니, 어떻게 그럴 수 있죠? 싱싱하게 살아 있는 생새우가 500엔인데 삶은 새우가 훨씬 더 비싸다니 말이 안 되지 않습니까?"

"그렇지만 손님, 잘 생각해보세요. 생새우는 재료 그대로지만 삶은 새우에는 불값, 물값과 품이 더 들지 않습니까."

이번엔 이 바이어에게 구멍가게를 시켜보자. 아주머니가 50엔을 들고 시금치를 사러 온다. 그러나 구멍가게에 50엔짜리 시금치는 없다. 진열된 신선한 시금치는 한 단에 70엔이다. 그런데 얼핏 보니까 가게 안쪽에 팔다 남은 시금치가 있다.

"아저씨, 저기 저 시금치를 50엔에 팔지 않겠어요?"

그러면 이 바이어는 버럭 화를 낼 것이다.

"아니 뭐라고요? 오늘 들어온 시금치는 70엔인데 저 시금치는 사흘 전에 들여놓은 것이라 재고유지비와 금리가 붙었으니까 73엔은 받아야 돼요."

이 바이어는 도대체 무엇을 구매코스트 기준으로 삼고 있는 것일까?

컨베이어를 타고 흐르는 돈

코스트 의식의 변화가 급선무 ──────

가끔 '이런 일을 할 수 있다면 굉장히 재미있을 텐데!' 하는 생각이 들 때가 있다.

공장에서는 온갖 것들이 컨베이어에 실려 이동한다. 부품이라든가 재료, 제약회사의 정제, 식품회사의 냉동식품 등. 그런데 만약 컨베이어에 실리는 것이 돈이라면 사람들의 의식은 어떻게 변할 것인가?

가령 매월 지급하는 월급 총액이 1천만 엔 정도인 중소기업을 생각해보자. 월급 총액이 1천만 엔이면 한 시간당 약 6만 엔이며 1분당 1천 엔의 인건비가 든다는 얘기다. 이것은 작업을 하든 안 하든 시간이 흐르면 무조건 발생하는 비용이다. 만약 경리과를 시발점으로 한 컨베이어를 만들어 공장 안을 한 바퀴 돌아서 마지막 공정이 인사과에서 끝나도록 한다면? 그리고 경리과에서는 1분마다 1천 엔을 컨베이어에 싣는 것이다. 그렇게 하면 공장 안을 1천 엔권이 1분 간격으로 이동하게 된다. 직원들은 그것을 보고 어떻게 생각할 것인가?

'저 돈은 우리의 인건비. 우리가 아무런 일을 안 해도 저만큼의 비용은 나가고 있다.'

이런 감각이 여러 사람에게서 샘솟지 않을까?

또한 기계설비 상각비에 대해 생각해보자. 연매출 1억 엔 정도의 중소기업에서 연간 기계 가동 가능 시간이 1800시간이라면, 기계설비 상각비는 1시간당 약 5만5천 엔이 된다. 이 컨베이어도 경리과에서 출발해 기계공장을 한 바퀴 돌아 최종목적지인 은행에 도달한다고 해보자. 직원들은 그것을 보고 이렇게 생각할 것이다.

"저것은 이 기계의 설비상각비. 설비를 가동시키지 않고 놓기만 해도 저만큼의 돈이 없어진다."

이렇게 되면 현장 사람들도 코스트 의식에 눈을 뜨게 될지 모른다. 그러면 작업순위를 어떻게 계획하여 어떻게 일해야만 되겠다, 기계설비도 최대한 효과적으로 활용하지 않으면 안 되겠다는 등의 아이디어가 나오게 될 것이다. 내가 이런 이야기를 하면 독자들은 웃을지도 모른다. 그러나 실제로 이와 비슷한 예를 한 회사에서 볼 수 있었다.

통계표는 왜 작성하는가?

그 회사에 갔을 때 제조부장의 책상 앞에 설치되어 있는 '가동률반'이라는 램프가 무엇인지 궁금해 한번 물어보았다. 그러자 제조부장이 웃으면서 가동률반의 내력을 들려줬다.

어느 날 현장 계장이 업무협의차 제조부장을 찾아온 적이 있다고 한다.

"부장님, 우리 회사에는 1천만 엔 이상이 되는 설비가 10대나 있는데, 아무래도 가동상황이 별로 좋지 않은 것 같습니다. 그래서 기계별로 가동률미터기를 부착시켰으면 합니다. 시판되고 있는 가장 싼 것을 개당 200엔에 살 수 있으니 10대에 2천 엔으로 구매했으면 합니다."

"그래, 그걸 부착하면 가동률이 좋아지나?"

"네, 시정을 조사해서 동률이 나쁜 것은 대책을 세워 가동률을 올리려고 합니다."

"그럼 좋소."

계장은 곧 2천 엔으로 10대분의 가동률미터기를 사들여 그것을 각 기계설비에 부착했다. 1개월이 지난 어느 날 이 제조계장은 가동률계기의 눈금을 보고 기계별 가동률표를 작성했다. 그러고는 관련 작업반장을 불러 대책회의를 열었다.

"이 표에서 보듯 설비 가동률이 매우 낮은데, 어떻게 하면 이걸 높일 수 있는지 모두들 연구해봅시다."

"1호기의 가동률이 낮았던 건 수리가 늦어졌기 때문입니다."

"3호기는 작업자가 장기결근했는데 대신할 사람이 없었기 때문입니다."

"5호기의 경우는 외주품 입고가 적기에 이루어지지 않아서 대기가 많았기 때문이라고 생각됩니다."

각 작업장마다 변명하느라고 정신이 없었다.

"변명은 아무리 해도 시정되지 않습니다. 앞으로 그런 일이 재발하지 않으려면 어떻게 해야 할지 연구해주세요."

이리하여 여러 가지 대책을 세워 실천해보기로 했다. 처음 두어 달 동안은 아주 열성적으로 데이터 작성이나 대책 회의를 추진했다. 하지만 차츰 시간이 흐름에 따라 열의가 식어갔다. 그 후 1년이 지났을 무렵에는 계장은 아예 가동미터기를 보지도 않고 그 대신 현장 여직원이 가동률표를 보고 통계표나 작성할 뿐이었고 계장은 그것을 다시 리포트 형식으로 재작성해서 과장과 부장에게 제출했다. 결국 1년이 지나도록 기계의 가동률은 전혀 향상되지 않았다. 상황이 이렇게 되자 제조부장은 그 계장을 다시 불러들였다.

"가동률미터기를 부착한 효과는 어떤가?"

"그게…. 최근 바빠서 별로 자세히 보지 못하고 있습니다."

세상에는 이와 비슷한 예가 얼마든지 있다. 어느덧 목적은 잊어버리고 통계표를 작성하면 그만이라는 식으로 끝내버리는 것이다. 어떤 목적으로 통계표를 작성하는가를 잊어버린 비극이라고 할 수 있을 것이다.

개선을 해도 3만 엔 손해?

제조부장은 '이 문제는 나 스스로 어떻게든 해결하지 않으면 안될 문제다'라고 생각해서 한 가지 아이디어를 짜냈다. 직접 한 통신기 회사로 찾아가서 여러 가지로 의논한 끝에 부장의 책상 위에 있는 가동률반을 제작케 했던 것이다. 이 가동률반은 1천만 엔 이상 기계의 가동상황만 표시하게 되어 있는데 현재 12포지션에 빨간색과 파란색 램프와 도수계가 달려 있다. 현장 기계가 가동하면 파란불이 들어오고, 스위치가 끊겨 가동이 정지되면 빨간불이 켜지는 식이다. 또한 램프 옆에는 가동하지 못한 시간에 해당하는 상각비에 누계손실금액이 표시되고, 동시에 전체 기계의 합계손실비용을 표시하는 도수계도 부착되어 있다. 그야말로 온라인 리얼타임 컨트롤이다.

제조부장은 책상 앞에 앉자마자 그 계기를 보는 것이 일과다. 80% 이상의 가동률을 표시하고 있으면 양호, 70~80%이면 요주의, 70% 이하가 되었을 땐 즉시 현장으로 가서 필요한 조치를 취하고 있다.

제조부장은 내게 말했다.

"선생님, 보십시오. 지금도 대체로 80% 이상은 가동하고 있지요."

"그렇군요."

"지금처럼 80% 이상 가동하고 있어도 매일 3만 엔 안팎의 헛돈이 나갑니다. 정말 안타깝습니다. 그래도 한때는 10만 엔 이상이었던 게 이 정도까지 개선됐으니 정말 잘됐지요. 이제 이 가동률반은 본전을 뽑고도 남습니다."

"뭐라고요?"

나는 매일 3만 엔을 손해 보는 상황에서도 제조부장이 만족한다는 사실에 당황했다.

장식용 범퍼

주차 모습을 보고 깨달은 범퍼의 목적 _____

직업상 해외여행을 가끔 하는데 일본과는 전혀 다른 풍속이나 습관을 접하면서 여러 가지 느끼는 것도 많고 참고가 되는 일도 많다. 자동차를 주차시키는 방법도 그 중 한 가지다.

미국의 철강 도시 피츠버그에 갔을 때 공원을 지나가다 본 일이다. 어떤 사람이 차를 타고 와서 주차를 하려는데 빈자리가 없었다.

'어떻게 하나 두고 보자' 생각하면서 슬며시 살펴봤다. 이 운전사는 처음엔 적당한 장소를 찾으려고 하더니, 빈 공간이 안 보이자 주차돼있던 차들 중에 간격이 좀 떨어져 있는 두 대의 차 사이로 자신의 차를 밀어 넣으려고 했다.

그런데 그가 취한 방법이 기가 막혔다. 우선 자기 차의 앞쪽 범퍼를 그 앞차의 뒤쪽 범퍼에 대고 앞으로 휙 밀어붙이는 것이었다. 그 다음에는 후진해서 다시 방향을 약간 틀더니 뒤쪽 범퍼로 뒤차의 앞 범퍼를 밀어붙였다. 그렇게 자신의 차를 위한 자리를 스스로 만들었다. 그 광경에 나는 몹시 탄복했다. 범퍼라는 게 본디, 충돌시의 완충작용을 돕기 위한 것임을 그때야 알아차렸던 것이다.

이제까지 우리는 범퍼를 어떻게 다뤄왔나? 누가 이 운전자 같은 행위를 했다가는 그야말로 큰 난리가 벌어질 것이다. 남의 차 범퍼에 내 차가 살짝 스치기만 해도 욕설이 오가고 멱살잡이가 일어나거나 아니면 변상문제가 일어나서 아예 새 범퍼로 바꿔줘야 될지도 모른다.

범퍼는 결코 장식물이 아닌데도 일본 자동차 회사들은 범퍼가 차를 멋지게 보이기 위한 소도구라는 생각을 좀처럼 버리지 못하고 있다.

나는 어떤 자동차 회사에서 '장식용 범퍼 무용론'을 제창했던 일이 있다.

"범퍼가 자동차의 장식용이라면 멋지게 치장하는 방법은 얼마든지 있을 겁니다. 도대체 범퍼 그 자체의 목적은 어디에 있다고 보십니까?"

하지만 아무리 역설해도 그 당시 귀담아 듣는 사람이 한 명도 없었다. 이건 많은 세월이 흐른 지금에도 사정이 똑같다. 오늘날의 범퍼도 충돌시의 충격을 완화한다는 본래의 목적과는 전혀 다르게 여전히 특이한 장식물로서만 행세하고 있다.

어떤 제품의 목적은 세월이 흐름에 따라 잊힐 뿐만 아니라 본래의 목적에서 벗어나게 된다. 그리하여 그릇된 목적으로 변질되고 본래의 목적은 달성할 수 없는 기능만 갖게 되니 참 서글픈 일이 아닐 수 없다.

II

BACK
그릇된 목적

TO THE
Wrong Purpose

BASICS

확고한 목적의식을 갖고 일을 진행한다 해도 문제가 끝나는 건 아니다. 목적 자체가 잘못되었다면 배가 산으로 갈 수밖에 없기 때문이다. 목적을 올바르게 설정하기 위해서는 하고자 하는 일을 완전히 이해하는 것이 필요하다. 눈을 가리는 현실의 여러 가지 장막을 거둬내고 본질을 꿰뚫어라. '근본적인 목적'이 무엇인지를 끊임없이 상기하라. 주변 환경과 상황에 따라 융통성을 발휘하면서도 그 목적을 달성할 수 있다면 그것이 바로 일을 행하는 최고의 방법이다.

수위와 도둑

도둑을 맞이하기 위한 경비원의 정기 순찰 _____

자승자박, 즉 자기가 꼰 새끼줄로 자기 자신을 묶어 버리는 어처구니없는 사례가 기업에는 많이 있다. 다음은 어떤 회사에서 실제로 있었던 일인데, 목적을 착각한 대표적인 사례다.

한 회사의 컨설팅이 거의 끝나갈 무렵에 최종보고를 위한 자료정리차 밤늦게까지 그 회사의 사무실에서 일을 한 적이 있다. 어느덧 10시가 되자 순찰차 들른 수위가 인사를 했다.

"선생님, 늦게까지 수고가 많으시군요."

"네, 감사합니다. 그런데 매일 밤늦게 순찰하시니 고되시겠네요."

"뭘요. 이젠 몸에 뱄답니다. 오늘은 야근 담당이니까 밤중에 두 번만 돌면 되지요. 이 방에는 밤 10시와 새벽 2시에 들르게 되어 있어요."

요즘에는 어느 기업이건 수위들이 순찰용 시계를 들고 구내

순찰을 돌게 되어 있다. 미리 정해둔 코스를 지정 시간대에 맞춰서 순찰을 하며 순찰함에 시간 기록을 남긴다.

만약 지정 시간에 지정 장소를 순찰하지 않으면 기록에 증거가 남기 때문에 근무태만이라며 문책을 당한다. 그래서 수위들은 시계처럼 정확하게 지정 코스를 지정 시간에 맞춰서 순찰하는 것이다.

그런데 이래도 되는 것일까? 도둑의 입장에서 본다면 수위가 지정 코스를 지정 시간에 맞게 순찰한다는 것은 도둑에게 매우 편리한 일이 아닐까? 수위가 통과하지 않는 곳, 또는 수위가 통과하지 않는 시간에 몰래 숨어 들어가면 절대로 들킬 리가 없으니 오히려 도둑질할 기회를 주는 것과 마찬가지 아닌가?

나는 순찰의 목적에 대해 생각하지 않을 수 없었다. 혹시나 해서 수위에게 물었다.

"야간순찰 도중에 도둑을 잡은 일이 있습니까?"

"아, 그게 바로 얼마 전에 있었지요. 오밤중에 저희 집에서 급한 일이라고 전화가 왔지 뭡니까. 그래서 제 동료가 순찰 중인 저를 찾으려고 제가 도는 코스를 뒤따라 쫓아오다가 영업부 제품창고 모퉁이에서 도둑놈과 맞닥뜨렸던 거예요. 그곳은 제가 순찰한 지 얼마 되지 않은 곳이었는데 말이에요. 저도 깜짝 놀랐습니다. 저의 회사에서는 한 6, 7년 만에 처음 있는 일이었어요."

내 예측이 딱 들어맞았다.

"요즘 도둑놈들은 무척이나 약아 빠졌어요."

이 수위는 도둑의 지능을 칭찬할 게 아니라 순찰 방식의 어리석음을 반성해야 하지 않을까? 순찰의 목적이 규칙적인 산책을 하는 데 있다고 보는 것이 아니라면 말이다.

연료탱크

어제의 방법은 이미 오늘의 방법이 아니다 _____

한 자동차 제조 공장을 방문했을 때의 일이다. 연료탱크 앞을 서성거리던 부장이 나를 보자마자 반갑다는 듯 걸어왔다.

"선생님, 정말 잘 오셨습니다. 선생님께서 항상 강조하시는 원가절감의 실시방안에 대해서 좀 가르쳐 주셨으면 합니다."

나는 즉시 관계자 전원을 소집해 개선을 위한 시각, 사고방식, 기법, 수법, 추진방법 등을 자세히 설명했다.

- 개선은 영원하고도 무한하다.
- 어제의 방법은 이미 오늘의 방법이 아니다.
- 고인 물은 썩는다.
- 이것만이 최선이라는 아집을 버려라.
- 누구에게나 개선의 여지는 있다.
- 로마로 가는 길은 여러 갈래다.

이런 식으로 나는 개선에 관한 문제라면 누구 못지않은 신념의 소유자라는 것을 밝혔다.

"그럼 선생님, 간단하게 이 연료탱크를 모델 삼아 개선의 시범을 보여 주시지요."

"네, 알겠습니다."

그런데 그때 옆에 있던 다른 설계기사가 물었다.

"부장님, 그 연료탱크보단 계속 문제가 되고 있던 큰 연료탱크를 모델로 삼는 것이 좋지 않을까요?"

부장은 "글쎄, 어떻게 하지?"라며 생각에 잠겼다. 내가 "그럼 그 큰 연료탱크도 가져올 수 있습니까?" 묻자 곧 가져오겠다고 말했다.

원가절감을 위한 단위 균일화 _____

이윽고 두 사람이 큰 연료탱크를 들고 들어왔다. 이 크고 작은 두 개의 연료탱크를 비교해 보니 작은 것은 1톤 차 이하에 쓰이는 20ℓ들이이며 큰 것은 400ℓ는 들어갈 대형차용이었다. 이 두 개의 연료탱크에는 각각 마개가 달려있는데 가만히 보니 그 크기가 달랐다. 큰 연료탱크에 달려 있는 마개는 두 손을 쓰지 않고선 도저히 열 수 없을 정도로 컸다.

"부장님, 저는 지금까지 전혀 모르고 있었는데 대형트럭의 운전기사는 주유소에 가서 "이것 보세요. 이렇게 큰 트럭에 그런 가

느다란 호스로 연료를 넣다가는 시간만 오래 걸리지 않을까요? 청소차에서 쓰는 진공흡입호스처럼 굵은 호스로 연료를 넣어 주세요"라고 말하나 봅니다."

일부러 비아냥거리는 말투로 물었다.

"원 참, 선생님도…. 그럴 리가 있겠습니까? 대형차든 소형차든 가솔린을 넣는 주유호스의 굵기는 모두 똑같습니다."

"그렇다면 어째서 이 대형 연료탱크의 마개는 작은 연료탱크의 마개와 똑같은 크기를 쓰지 않는 겁니까? 큰 연료탱크의 마개를 크게 만든 목적은 도대체 무엇입니까?"

이 질문에 부장은 "아, 참, 그렇군!" 하고 탄성을 질렀다. 그러자 옆에 있던 직원이 "탱크가 큰 만큼 그에 어울리는 마개를 쓴 건 아닐까요?"라며 나름대로의 지원사격을 하고 나섰다.

'협동, 단결은 끝내주는군.'

나는 무심코 쓴웃음을 짓고 말았다. 이들은 마개의 목적이 무엇인지 전혀 모르고 있는 것이다.

일반적으로 트럭의 출고가격이 비싼 이유는 승용차처럼 대량생산을 할 수 없기 때문이다. 대량생산을 할 수 없다면 그만큼 원가가 비싸지기 마련이다. 이 연료탱크의 마개 하나만 하더라도 소형트럭에서 대형트럭까지 모두 합치면 엄청난 수량이 필요할 텐데 만약 목적에 맞게 모두 동일한 규격품으로 바꾼다면 개당 단가를 상당히 낮출 수 있을 것이다. 연료탱크 마개가 작은 것은 볼품없으니 큰 것으로 사자고 말할 사람은 아무도 없을 것 아닌가?

이것은 비단 트럭에만 한정된 말이 아니다. 다른 산업의 경우도 마찬가지다. 예를 들어 화물선의 경우를 생각해봤을 때, 한 척의 화물선(여객선이 아니라)만 하더라도 거기에 설치된 조명용 형광등의 커버는 60여종이다. 또 공작기계회사에 가보면 인간의 손으로 조작하게 되어 있는 핸들은 본래 4, 5종만 있으면 충분할 텐데도 목적을 생각하지 않고 마구잡이로 만들다 보니 몇 백 종이나 되는 것이 엄연한 현실이다. 이를 위한 설계비용, 분업비용, 주형과 목형의 비용, 수많은 종류의 재고관리 비용까지 생각하면 과연 누가 기업의 수익증대를 가로막고 있는 것인지 알 수 없게 된다.

등받이 조절장치

대형 트럭 운전사는 모두 헤비급? ─────────

어느 날은 바로 이 자동차 제조 공장에서 다음과 같은 제품개선 문제가 제기됐다.

"선생님, 이번에는 등받이 조절장치를 개선해야 되는데 여러 타입 중에 어떤 것을 선택해야 할지 의견이 엇갈리고 있습니다."

나는 승용차, 트럭, 버스, 특수차 중 우선 트럭부터 다뤄 보자고 제안했다.

"저희 역시 트럭의 등받이 조절장치를 검토하고 있는데 그게 너무 많아서 말입니다. 무려 26종이나 되니 정말 이만저만 골치 아픈 게 아닙니다."

이 말을 듣고 깜짝 놀랐다.

"정말 어지간히 많긴 많군요. 저도 한번 볼 수 있도록 모조리 이곳에 늘어놓아 주실 수 없을까요?"

즉시 여러 명의 개선팀 멤버들이 창고에서 26종의 등받이 조절장치를 강연장 안으로 옮겼다. 작업대 위에 놓인 모든 등받이 조절장치를 기술부장의 설명을 들어가며 살펴보다가 물었다.

"이 얇은 프레임을 접어서 만든 날씬한 등받이 조절장치는 승용차용입니까?"

부장은 그렇다고 대답했다.

"그럼 강철로 만든 단단한 조절장치는 10톤 차 이상, 혹은 특수차에 사용하는 거죠?"

"네, 그렇습니다. 선생님은 역시 한 번 보시기만 하면 바로 아시네요."

현명한 독자라면 내가 여기서 무슨 말을 하려고 하는지 이해했으리라. 등받이 조절장치의 목적은 등받이의 각도 조절로, 대형차용과 소형차용으로 구태여 구분할 필요가 없다.

"부장님, 대형트럭의 좌석에는 헤비급 운전기사만 앉고 승용차에는 라이트급만 타는 건 아니죠?"

급작스런 질문에 부장은 폭소를 터뜨렸다.

"하하하, 그 말 정말 재미있네요."

설계기사는 등받이 조절장치의 목적을 트럭 자체를 조절하는 것으로 혼동한 것은 아닐까?

한심한 경비절감 운동

경비절감을 위한 화장실 폐쇄 ─────────

조금이라도 불황이 닥치면 어느 회사든 경비절감 운동을 시작한다. 대체로 서무과장이 이 운동의 추진자가 되는데 서무과장이 생각하는 경비절감대책은 도무지 신선미라고는 찾아볼 수 없는 경우가 많다.

> 1. 볼펜을 지급받으려면 다 쓴 것을 가져와 교환해야 한다.
> 2. 지우개는 처음부터 두 개로 나누어서 지급한다.
> 3. 이면지를 이용한다.
> 4. 사적인 전화는 일체 금지한다.
> 5. 출장을 가급적 억제한다.
> 6. 잡지와 신문 등은 당분간 구독하지 않는다.
> 7. 접대비와 교제비는 종래의 30% 이하로 억제한다.

이런 식의 절감방안이 제시되면 회사 내의 분위기가 살벌해지고 이기심만 생겨 직원들의 사기가 전혀 오르지 않는다.

어떤 회사에서 이런 일이 있었다. 그 회사의 전무이사는 독재자로 알려져 있는데, 하루는 그가 경비절감 운동을 담당하는 서무과장을 불러 압력을 넣었다.

"과장이 하고 있는 경비절감 운동은 아직도 노력이 부족하오. 더욱 강력히 추진하지 않으면 안 되겠소."

벌써 여러 가지로 손을 써서 할 수 있는 것은 모두 해봤다고 생각하고 있던 서무과장은 고민이 됐다.

'전무님도 너무하시네. 덮어놓고 지시만 해대고 구체적인 방법은 단 한마디도 없잖아. 해볼 만한 건 이것저것 모두 했는데, 도대체 어떤 점이 부족한 걸까?'

이렇게 고민하던 중 문득 한 가지 아이디어가 떠올랐다. 그는 당장 '절수를 위해 이 화장실의 사용을 금지함'이라고 쓴 쪽지를 몇 개 만들어 공장의 1, 2, 3층에 있는 화장실 중 일부에 붙였다. 이것을 본 작업자들은 매우 놀랐다. 늘 사용 가능했던 5개의 화장실 중 3개밖에 사용할 수 없게 되니 휴식시간마다 화장실 앞이 늘 장사진을 이루게 되었다. 결국 2~3일 후 한 작업자가 서무과장에게 항의를 하기에 이르렀다고 한다.

사람은 보통 아침에 일어나 잠자리에 들기까지 평균 7회 화장실을 이용한다는 데이터가 있다. 따라서 그중 2~3회는 회사에서 이용하게 되는 것이 당연하다. 절수를 위해 일부 화장실을 사용

금지해도 사람들은 어차피 남은 화장실에서 용변을 보아야 하므로 결국 사용하는 물의 양에는 변동이 없는데 이 서무과장은 전무에게 채근당한 뒤 스트레스를 너무 받아 상식적인 판단력을 상실했던 것일까?

잠재코스트를 가시화하라 _____

이 화장실 이야기를 논하지 않더라도 일반적으로 경비절감 운동이라고 하는 것은 이런 식의 겉치레로 끝나고 만다. 즉 현재적인 비용인 재료비, 사무용 소모품비, 접대비, 교통비, 교육훈련비 등에 곧바로 손을 대게 되는 것이다. 이런 비용들은 바로 금액으로 계산할 수 있기 때문에 조금이라도 줄이면 굉장히 많이 절약한 것처럼 보이기 마련이다.

그러나 사무실에서 발생하는 총 코스트의 75%는 인건비다. 또한 책상, 의자, 공간, 복사, 전자계산기 등의 비용이 약 15%를 차지한다. 사무용 소모품비나 접대비 등은 경비절감 부분에서 전체의 10%에 지나지 않는다. 그런데 인건비나 공간 관련비, 집기 비품비와 같은 것에 대해서는 자신의 힘으로 도저히 컨트롤할 수 없는 문제라고 단정 짓고, 고작 나머지 10% 범위에서 악전고투하고 있다.

이런 식의 경비절감 운동만이 코스트를 낮추는 운동은 아니다. 더 큰 비중을 차지하는 잠재코스트를 현재화하여 그것들을 어떻게 해결하는가가 관건인데 애석하게도 사람들은 이 잠재코스트를 현재화하는 방법을 모르고 있다. 우선 모르는 것을 알 수 있게 하여 대책을 세우는 것이 중요한데 이러한 문제에 대해 좀 더 생각해보기로 하자.

식용 알코올로 축배

눈 가리고 아웅하는 예산통제시스템 ────────

요즘은 어느 회사나 예산통제시스템을 도입해 시행하고 있다. 이 시스템의 도입 목적은 이렇다. 연간 총매출 예상액에 대해서 사전에 실제 소요경비를 산출하고, 충분히 이익이 오를 수 있는 한계 안에서 각 부서가 할당된 지출예산을 초과집행하지 않게 하려는 것이다. 그러면 기대했던 목표이익이 확실하게 실현된다고 보는 것이다.

예전에 미국을 방문했을 때 어떤 공장의 작업반장에게 물었다.

"당신의 직무는 무엇인가요?"

그러자 그는 당당하게 대답했다.

"제가 수행해야 할 가장 중요한 직무는 예산을 초과하지 않게끔 하는 일입니다."

일본의 기업들도 예산통제시스템을 도입했을 땐 이런 목표를 생각하고 도입했을 것이다. 그러나 이 시스템이라는 게 자칫하면 '이 정도의 예산이 책정되어 있으니까 연도 말까지 모두 다 써버려야지. 안 그러면 내년도 예산이 삭감될지도 모르니까. 이미 목표이익은 달성시켰을 테니까 지금부터 시원스럽게 써버려야겠군' 하는 식의 폐해를 가져올 우려도 있다. 게다가 대부분의 기업이 겉으로 드러난 현재적 비용은 예산통제시스템으로 절약하고 있지만 정량적으로 파악하기 어려운 잠재적 비용에 대해서는 전혀 신경을 쓰지 않는다는 점이 정말 안타깝다.

만약 이런 상황들이 발생하면 어떻게 될까?

"여보세요. 일본경영합리화센터(JEMCO)입니까? 저는 마쓰모토공업에서 일하는 직원인데요. 귀사에서 출판한 책을 꼭 사보고 싶은데 사실 저희 회사의 연간도서구입비가 고작 3만 엔이거든요. 필요한 책을 좀처럼 사기 힘듭니다. 그래서 드리는 말씀인데, 책과 함께 청구서를 보내주시겠어요? 청구서에는 책 이름은 쓰지 마시고 그냥 '연구자료비'라고만 적어주세요. 번거롭게 해서 죄송하지만 꼭 좀 부탁드립니다. 도서구입예산은 바닥났지만 연구자료비는 아직 남아 있어서요."

이렇게 되면 예산통제의 목적은 어떻게 된단 말인가?

"여보세요, 스즈끼상사입니다. 귀사에서 발행한 『원점에 서다』

라는 책을 사보고 싶어서 전화 드리는 건데 도서구입비는 다 쓰고 없어요. 그래서 현금 대신 우표를 동봉해서 보냈으니까 책을 좀 보내 주세요. 아시겠죠?"

이 회사는 우표·통신비의 예산통제는 하지 않는 모양인가 보다.

"선생님, 참 오랜만입니다. 그간 안녕하셨죠? 실은 선생님도 뵐 겸 상경할 일이 있는데요. 저희 부장님에게 선생님께서 저를 만나고 싶으니 곧 만나게 해달라고 전화 한 통만 해주시면 참 감사하겠습니다. 선생님께서 부장님에게 한마디만 해주시면 저는 곧 갈 수 있습니다."

이 회사에는 출장비 예산이 아직 많이 남아 있는 모양이다.

"선생님, 지난 1주일동안 수고 많으셨습니다. 오늘이 컨설팅 마지막 날이니 쫑파티를 할까 합니다."

회의실에는 이미 파티 준비가 되어 있었다. 우선 인삿말을 해 달라는 요청에 난 이런 질문부터 던졌다.

"조금 전 부장님 말씀으로는 회사에서 경비 통제를 강력하게 실시하는 바람에 강습회를 비롯한 모든 사내행사에서 술자리는 일체 못하게 되어 있다고 하셨는데 이 자리에 놓인 술잔은 도대체 어떻게 된 것입니까?"

"그거참 부끄럽습니다. 주류가 일절 금지되어 있는 건 맞지만 구매담당자와 의논해봤더니 알코올이라면 간접재료비로 처리할 수 있다기에 할 수 없이 식용 알코올로 대신하기로 한 겁니다. 뭐, 술이든 식용 알코올이든 취하기야 매한가지 아니겠습니까? 여러분, 그러면 이제 알코올로 축배를 듭시다."

'이게 뭐지, 알코올로 축배 들어보긴 생전 처음인데.'

쫑파티에 모인 모든 사람들은 식용 알코올이 든 잔을 들고 한껏 기분 내며 축배를 들었다.

한눈에 알아보는 전화요금

미터기가 달린 절약형 전화기 _____

한때 '발상의 전환'이라는 말이 굉장히 유행했다.

"관리 불능비라고 생각해왔던 것을 관리 가능비라고 생각하라."

"잠재코스트를 현재코스트화하라."

이것도 하나의 발상의 전환이라 할 수 있을 것이다.

우리 회사에서 컨설턴트로 일하는 한 직원은 끊임없이 발상의 전환을 시도하는 편인데 예를 들면 이런 것들이다.

1. 회사에서 노트나 볼펜을 구입할 때에는 구입의뢰서나 영수증이 필요한데, 개인이 기차표나 책을 구입할 때에는 왜 그런 것이 필요 없을까?

2. 작업에는 실수가 있기 마련이므로 회사는 상사가 체크하는 시스템을 취하고 있다. 그런데 출장 시 비행기를 놓치는 실수는 누

가 체크할까?

3. 결혼식을 늦게 시작하는 일은 별로 없다. 그런데 회사의 회의는 왜 정각에 시작하지 못할까?

4. 가정에서 사용하는 전화요금은 얼마나 나오는지 매월 정확하게 알 수 있는데 회사에서 사용하는 전화요금은 왜 전화기별로 알 수 없을까?

이런 문제는 일상적인 회사업무 중에 종종 마주치는 문제들이다. 어떤 회사에서는 발상의 전환을 시도하며 실제로 다음과 같은 일을 하고 있다고 한다.

그 회사의 규모는 800명 정도의 중소기업인데 총 22대의 외선전화를 사용했다. 일반기업에서는 외선과 직결되어 있는 전화의 경우 한 달에 3만~10만 엔 정도의 요금을 지불하는 것이 보통인데 이 회사는 한 대당 1만 엔, 많을 때라야 2만 엔 정도다. 그 비결은 다음과 같았다.

전화요금을 절약하기 위해 전화를 걸기 전에 필요한 말만 메모해뒀다가 간단명료하게 통화하고 끊으라는 식의 지도는 어느 회사나 하고 있다. 물론 이런 계몽활동도 중요하기는 하다. 그런데 이 회사에서는 계몽활동과 함께 한 가지 과학적인 방법을 사용하고 있었다. 바로 각각의 전화기에 요금미터기를 설치한 것이다.

어떤 직원이 수화기를 들고 다이얼을 돌려 상대방이 수화기를 들면 동시에 요금미터기의 도수계가 작동하여 10엔, 20엔 하는 식으로 통화시간에 비례한 통화요금이 미터기에 나타난다. 그것이 눈에 띄게 되면 태평하게 잡담 따위를 할 수가 없다. 이미 전화요금이 300엔까지 오르고 있는 게 눈에 보이니까 "이제 그만 끊겠어!"라고 말하게 되는 것이다.

일반적인 통화 상황에서는 이렇게 잘 되지 않는다. 전화요금이 1천 엔이든 1천5백 엔이든 상관없이 길게 통화를 하는 경우들이 있다.

이와 비슷한 케이스는 얼마든지 있다. 회사에서 부른 콜택시를 탈 땐 멀리 돌아서 가든 지름길로 가든 상관없이 태연하면서, 자기 돈을 내고 택시를 탈 땐 될수록 빠른 길로 가려고 한다. 미터기를 줄곧 주시하고 간혹 목적지보다 조금 앞에 내려서라도 돈을 절약하려 든다. 요컨대 코스트가 눈에 보이느냐 보이지 않느냐의 차이가 크다는 것이다. 코스트를 눈에 보이게 함으로써 이것을 중시하는 습관이 붙게끔 해야 한다.

이번 회의는 얼마짜리? ────────

회의 코스트 역시 눈에 잘 안 보이는 비용이라 문제다.

"우리 회사는 회의가 많아서 걱정이야. 어떻게 하면 이 회의를 적게 할 수 있을까?"

이런 고충은 어느 회사든 있다. 그러나 이에 대한 해결책으로

'회의 5원칙'과 같은 메모를 회의실에 게시할 정도일 뿐 여전히 정신교육의 범위를 벗어나지 못하고 있다. 하지만 만약 이것도 코스트로 평가하면 개선의 여지는 있다. 좌우간 이런 식으로라도 한번 시도해보면 어떨까?

"내일 생산회의는 9만 엔짜리입니다."

이렇게 계산서를 생산부장에게 제출한다면 생산부장은 깜짝 놀랄 것이다.

"어째서 9만 엔인가?"

"과장급은 평균 1시간에 800엔, 부장급은 1시간에 1천 엔이므로 출석인원에 시간을 곱하면 약 8만5천 엔입니다. 거기에 회의실 임차료가 1시간에 1천 엔이니 3시간이면 3천 엔, 커피접대와 연락비용, 자료값 등을 계산하면 합계 9만 엔 이상이 듭니다."

"그렇게 되면 곤란한데. 회의에 9만 엔이나 들어서야 되겠나? 어떻게 5만 엔 이하로 끝낼 수 없을까? 5만 엔 이상은 정식지출결의서를 끊어야 된단 말이야."

이쯤 되면 대성공이다. 우선 참석자 20명을 잘 조정하여 참석자를 15명 내외로 줄인다. 회의시간을 3시간 혹은 그보다 적게 단축할 수 없다면 그대로 진행하되 판매과장과 업무부장은 9시부터 1시간만 출석하게 하고 이 두 사람에게는 결과를 나중에 연락하는 것으로 한다. 상무이사는 11시 30분부터 12시까지 최종 결론만 듣게 한다. 이런 식으로 하나하나 구체적인 대책을 세워 가면 5만 엔 이내로 줄이는 것도 어렵지 않을 것이다. 이렇게 되면 모두가 시간을 지키게 될 것이고 코스트 의식도 높아진다.

제조관계 문제로 컨설팅을 의뢰받고 있던 어떤 회사에서 나는 점심식사 후의 커피타임에 이런 이야기를 꺼낸 적이 있다. 그런데 그 자리에 함께 있던 서무과장이 즉시 회의 코스트의 평가 시스템을 마련하여 이를 끈질기게 추진했다고 한다. 그리고 그 결과 6개월 후에는 종전의 3분의 1로 회의비용을 대폭 줄일 수 있었다.

재고관리의 허와 실

창고를 넓히면 재고관리가 잘된다? —————

기업이 커지면 재료나 부품, 제품의 보관을 담당하는 창고시설이 필요해진다. 그리고 그 창고시설을 관리하는 사람이 창고과장이다. 내 경험상 기업 규모와 상관없이, 또한 업종에도 관계없이 창고부문 담당자들의 발상이나 불만에는 놀랄 정도의 공통점이 있다. 큰 창고를 가진 회사나 작은 창고를 가진 회사나 모두 한결같이 '공간이 조금만 더 컸다면 재고관리를 완벽하게 할 수 있을 텐데', '창고가 좁아서 너무 불편해' 식의 푸념을 한다는 것이다. 공간이 충분하다고 말하는 사람은 거의 없다. 이런 점이 하나의 큰 문제가 될 수도 있다. 그래서 나는 가끔 이런 말로 비꼰다.

"과장님이 독신일 때는 어느 정도 크기의 집에서 살았습니까?"

"24평짜리 집이었지요."

"결혼하고는 어떻게 되었습니까?"

"결혼한 후에도 24평짜리 집에 삽니다."

"그렇습니까? 아이들은 지금 몇 명인가요?"

"둘입니다."

"첫아이를 낳았을 때 큰 집으로 이사하셨습니까?"

"아닙니다. 안방에 있던 세간을 마루로 일부 옮기고 그럭저럭 살다 보니 둘째를 낳고도 24평짜리 집에서 살 수는 있더군요."

내가 왜 이처럼 짓궂은 질문을 했는지 독자 여러분은 충분히 짐작할 것이다. 사람은 누구나 자기 자신의 일이라면 온갖 지혜를 짜내면서 좁은 공간도 최대한으로 이용하는 방법을 생각해낸다. 그런데 그게 회사일이 되면 지혜를 짜내려 하지 않는 것 같다.

넓으면 넓은 대로 좁으면 좁은 대로 어느 회사나 창고공간이 좁다고 불평이다. 이것을 거꾸로 생각해서 가령 지금의 창고 크기를 두 배로 넓힌다고 해도 1년 후에는 또다시 공간이 모자란다고 불평할 것이다. 반대로 공간을 절반으로 줄인다면 어떻게든 꾸려 맞춰서 창고관리를 해나갈 것임에 틀림없다.

재고량 증가는 코스트의 증가 ＿＿＿＿＿＿＿＿＿

공간이 없다고 하는 건 그만큼 재고량이 증가했다는 것을 의미하는데 재고유지비란 실상 엄청난 금액이다. 얼핏 생각해봐도 보관을 위한 공간의 고정비, 보관을 위한 운반설비의 고정비, 보관용 집기비품의 고정비, 입출고를 위한 계측기 고정비 등이 고정비용으로 발생한다. 또한 시간이 경과함에 따라 공간의 전기료 및 수리비, 청소비, 운반설비의 전력비, 연료비, 수리비, 집기 비품 수리 등의 비례비, 재고품의 금리, 재고품의 손상비용, 재고품에 대한 세금과 보험료, 재고품의 운반 및 보관을 위한 작업 코스트, 입출고 관리를 위한 코스트 등이 발생한다.

이런 비용은 잠재적인 코스트여서 좀체 현재화되지 않는다.

우리 회사의 코스트 전문부가 어떤 회사에서 실제로 조사한 바로는 고정비용이 총 재고금액의 연 8%, 비례비용이 17%로 연간 재고유지비가 약 25%에 이르고 있었다. 이것을 구체적으로 말하면 다음과 같다. 만약 재고품이 1억 엔 정도 있다면, 그것 때문에 연간 약 2천5백만 엔의 비용이 발생한다는 말이 된다. 이와 같이 코스트가 현재화되면 창고과장은 어떻게 해야 재고품을 줄일 수 있는지를 어느 때보다도 진지하게 연구하게 될 것이다. 적어도, '어떻게 해야 창고를 늘릴 것인가'라는 식의 잘못된 발상은 하지 않을 것이다.

절삭분을 깨끗이

작업의 목적은 깨끗한 쓰레기 ───────────

중공업 분야의 한 공장을 방문했을 때 그 공장의 작업반장은 나를 강철, 알루미늄 원형봉을 깎는 선반 앞으로 안내하더니 자랑스럽게 말했다.

"어떻습니까? 저희 공장에도 이렇게 기막힌 설비가 도입됐습니다."

과연 굵직한 막대가 자전하면서 절삭날로 깎인 절삭분이 호선을 그리며 돌아 떨어졌다.

"이 선반의 절삭속도는 1분당 몇 미터입니까?"

"글쎄요, 한 70미터쯤 되지 않을까요?"

그렇게 느릴 리가 없다고 생각했지만 자세히 보니 아무래도 절삭 깊이가 좀 얕은 것 같았다.

"지금 하고 있는 것은 거친 절삭(Rough Machining)같은데 절삭 깊이는 몇 m/m 입니까?"

그는 작업광경을 한참 들여다본 뒤 대답했다.

"이건 약 3m/m 같군요."

"그런데 이 설비에는 3마력짜리 모터가 달려 있죠? 어째서 절삭 깊이를 좀 더 깊게 하지 않습니까? 지금처럼 하다가는 작업시간만 많이 걸리지 않을까요?"

"제가 멍청했습니다. 그 말씀이 맞네요."

내 조언을 받아들여준 것은 좋은데 그 다음이 걸작이었다.

작업반장은 즉시 젊은 작업자를 불러 세워 더 깊게 절삭하라고 말했지만 그 작업자는 지시사항을 듣지 않았다. 절삭날이 맞지 않아서 안 된다는 것이었다. 그래서 다시 살펴보니 물려 놓은 절삭날은 다듬질가공용 절삭날(Finish Machining Cutting Tool)이었다.

"자네, 무슨 말을 하고 있나? 이건 지금 거친 절삭을 하고 있는 게 아닌가? 그래, 안 그래?"

"그렇죠."

"그럼 좀 더 절삭 지름이 큰 절삭날을 써야 할 것 아닌가? 그렇게 하면 절삭 깊이를 7m/m나 8m/m 로 깊게 할 수 있어서 지금 3m/m 라운드 다듬질가공 바이트로 가공하는 것보다 몇 배는 빠를 게 아닌가?"

그때 작업자가 당당하게 대답했던 말들이 지금도 생생히 기억난다.

"하긴 그렇게 하면 절삭 깊이도 깊게 할 수 있고 작업시간도 반으로 줄겠네요. 하지만 그렇게 하면 절삭분이 지저분해질 걸요."

그 말이 참 기가 막혔다. 이쯤 되면 이 책의 첫머리에 쓴 '아침 일찍 출근한 직장인의 주차' 에피소드와 무엇이 다른가. 도대체 이 작업자는 작업의 목적이 뭐라고 생각하는 걸까. '깎는 것'? 아니면, '깨끗하게' 깎는 것?

머리만 숨기고 꼬리는 내놓은 격

직원의 속옷까지 바꿀 뻔한 먼지 ————————

지나칠 정도로 결벽증이 심한 사람들이 가끔 있다. 이런 사람들은 어디에나 있고, 작업장에도 있다.

반도체공장만이 아니라 오늘날에는 의약, 식품은 물론이고 식품포장업체까지 클린룸을 따로 마련해 작업을 해야 한다. 하지만 10여 년 전까지만 해도 이 클린룸이라는 게 완벽한 상태가 아니라서 여러 가지 문제점들이 있었다.

예전에 한 공장에서는 2중, 3중으로 방진 설비와 태세를 갖춰 관리했다. 작업자가 공장안으로 들어가려면 우선 순백색 나일론제 방진복과 방진모를 착용해야 했다. 그런 다음에도 바로 공장 안으로 들어가지 않고 중간의 에어 커튼(Air Curtain)을 거치면서 방진복, 방진모의 표면에 붙어 있는 먼지를 모조리 제거했다. 그 다음에는 방진화 위에 다시 비닐커버를 덮어 신은 후 밀폐되었던 문을 열어야 비로소 공장 안으로 들어갈 수 있었다.

그런데 이렇게까지 철저히 준비해도 여전히 먼지로 인한 불량품들이 발생했다. 이제는 작업자의 속옷까지도 나일론제로 바꿔야 할지 모른다며 모두 심각하게 토의할 지경이다. 하지만 이건 머리만 숨기고 꼬리는 그대로 내놓은 격이 아닐 수 없다. 알고 보니 먼지의 원인은 작업자들이 앉는 의자에 놓인 방석이 나일론제가 아니라는 데 있었기 때문이다.

비닐 커버의 존재 이유

이 회사에서는 다음과 같은 일도 있었다. 별도의 건물로 되어 있는 콘덴서공장은 증산에 이은 증산으로 생산에 박차를 가하고 있었는데 난처하게도 케이스의 납품이 지체되는 바람에 모처럼 애써서 생산한 소자(素子)가 산더미처럼 쌓이게 됐다. 만약 이 소자에 먼지가 들어가면 용량이 바뀌거나 합선이 일어날 수도 있다. 그래서 작업반장은 작업자에게 소자에 비닐커버를 씌우라고 지시했다. 작업자는 큼직한 비닐커버를 가져다가 소자 위에 덮었다. 그런데 내가 나중에 가서 보니까 분명히 비닐커버가 덮여 있긴 했지만 아랫 부분이 미묘하게 약 20~30센티미터 가량 떠있었다. 작업자들이 그 주위를 지나가면 그때마다 발밑에서 피어오르는 먼지가 비닐 틈새로 들어가는 것이었다.

작업반장이 이것을 못 봤을리가 없다. 그는 작업자에게 따지며 물었다.

"내가 비닐커버를 덮으라고 했지 않나?"

"저는 분명히 덮어놨는데요? 보세요."

"이런 답답한 사람을 봤나! 비닐을 덮으라는 건 방진조치를 취하라는 말이야."

목적은 방진에 있지, 공장 안에서 비라도 맞을까 싶어서 비닐커버로 덮으라고 한 게 아니다. 그런데도 작업자는 계속 이런 말만 했다.

"아니, 반장님이 비닐커버를 씌우라고 해서 씌웠는데 뭐가 문제라는 겁니까?"

테일 램프

반품비율 20%를 불러온 까다로운 원칙 _____

어느 날은 이런 전화를 받았다.

"안녕하십니까. 저, 실은 선생님께 긴히 여쭤 볼 일이 있어서 전화 드렸는데요. 선생님께선 여러 방면에 안면이 있으시니까 도금을 잘 아는 권위자도 잘 아실 것 같아서요. 한 분 소개해 주실 순 없을까요?"

"도금전문가 말이죠? 한 분 생각나긴 한데 한번 알아보겠습니다. 그런데 어떤 일로 찾으시는 겁니까?"

"저희 회사에서 만든 테일 램프의 도금 때문에요. 요즘 불량품이 너무 많다고 거래처에서 클레임이 들어온단 말입니다. 반품율이 20%나 돼요. 이거 큰일 났다 싶어 저희 회사 기술진을 총동원해 연구하고 있는데 좀처럼 해결이 나지 않네요. 잘 좀 부탁드립니다."

"네, 알겠습니다. 그럼 도금전문가를 모시고 한번 찾아뵙지요."

이렇게 해서 도금전문가와 함께 그 공업사를 방문하게 됐다. 사장은 젊은 2세 경영자이긴 하지만 착실한 노력을 거듭해서 회사의 어엿한 경영자로 성장했다. 그가 이번에 부딪힌 벽은 어지간히 높았던 모양이다. 우리가 찾아가자 그는 반갑게 맞으며 상황을 설명했다. 그 이야기를 듣고 나 역시 그의 심정이 어땠을지 충분히 이해가 갔다.

요즘은 테일 램프의 본체도 플라스틱 성형제품을 사용해서 이 본체가 빛을 반사하기 좋게 은으로 증착도금을 하고 있다. 그런데 이 은도금에 클레임이 제기되는 모양이다. 비전문가의 눈에는 전혀 띄지 않지만 전문검사원이 보면 증착도금에 바늘 끝으로 찌른 것 같은 작은 핀 홀이 몇 개씩 나타난다는 것이다. 차에 부착시키면 이 부분이 속으로 들어가기 때문에 기능상으로는 아무 문제없지만 단체 검사에서는 조금이라도 결함이 있으면 합격할 수 없는 모양이다. 이 공장에서는 납품하는 전제품을 엄격하게 체크해서 불량품을 가려낸 후 납품을 하고 있는데도 여전히 20%에 가까운 제품들이 불량품으로 반품되고 있었다.

그런데 차를 모는 사람의 입장에서, 테일 램프의 커버를 떼어내고 확대경 없이는 알 수도 없는 미세한 핀 홀을 찾아내 '결함이 있는 차니까 살 수 없다'고 말할 것인가? 테일 램프 본체의 목적은 좌우간 빛을 반사시키기만 하면 되는 건데 말이다.

다행스럽게도 테일 램프를 발주한 자동차 회사는 내가 잘 아는 회사였다.

"사장님, 도금공정의 개선 연구는 장래를 위해서도 계속해 주시기 바랍니다. 그렇지만 이 문제는 잘 해결해보면 좋은 결론이 나올 것 같으니 제게 시간을 좀 주십시오."

우선 양해를 얻은 다음 즉시 자동차 회사로 찾아갔다. 간부에게 정식으로 말하기 전에 외주구매품 검사장으로 가서 잘 알고 지내던 품질보증부장과 잠시 잡담을 나눈 다음, 테일 램프를 검사하고 있는 담당자를 만났다.

"불량품이 꽤 많이 나온다면서요?"

"네. 사실대로 말하면 합격품은 거의 없다고도 할 수 있지만 모조리 불량품이라고 반품시키면 저희 역시 곤란해지니까 한 20% 정도만 반품하고 있습니다. 빨리 개선이 돼야 할 텐데 말이죠."

이 말을 듣자마자 '아, 이 문제는 해결할 수 있겠다'는 생각이 들었다. 예전에 일했던 기업에서의 경험에 의하자면 검사원들은 똑같은 판정을 두 번 되풀이하지 않는다. 난 이 부분을 조금 이용하기로 했다. 좀 과장 섞인 말일지도 모르지만 내게 의뢰한 공업사에게 어떻게든 활로를 찾아 주고 싶었다. 그래서 이판사판 심정으로 편법을 쓰기로 했다.

하루에 1천 개를 납품하면 2, 3일 후 약 200개가 불량품으로 반품된다. 만약 이 200개의 불량품을 다시 한 번 포장지로 깨끗이 싸서 새로 생산한 800개에 섞어 납품을 하면? 한번 시도해봤더니 그 1천 개중에 또다시 약 200개가 불량품으로 반품됐다. 나는 이 200개를 또다시 새로 생산된 800개의 제품과 함께 납품하도록 했다.

이 작전은 제대로 맞아 들어갔다. 만약 실패했다면 400개에 가까운 테일 램프가 한꺼번에 반품됐을 테니 양쪽 회사에 크나큰 폐를 끼쳤을 것이다. 그러나 다행히 성공했기 때문에 도금전문가의 신세를 지는 일도 없이 문제를 해결할 수 있었다.

이것은 사실 '불량품은 항상 20%가 나오게 되어 있으니까 대충 그 정도로 맞춰서 반품하자' 생각한 검사원의 무책임한 자세 덕을 본 것이다. 그러나 사태의 본질은 목적 성취와는 상관없는 부분까지 까다롭게 관리하는 것에 대항하여, 목적을 충분히 달성할 수 있다면 불필요한 부분까지 코스트를 들일 필요가 없다는 목적중심적 사고와 신념이 이루어진 데 있다고 할 수 있다.

집을 짓는 도편수에게 천장 위에 먼지 하나 없이 집을 지어달라고 요구한다면 그 도편수는 무슨 말을 하겠는가.

"무슨 그런 실없는 말씀을 하십니까? 아니, 그럼 사장님께서는 천장 위에서 살고 방에는 쥐나 살라고 하실 작정입니까?"

이런 말을 하게 되지 않겠는가.

지나친 정직은 손해

이웃간 거래에서 기업회계까지 _____

언젠가 친구에게 들은 이야기다. 친구의 부인이 낙엽을 쓸고 있는데 이웃집 아주머니가 찾아왔다.

"저, 죄송하지만 댁에 석유 좀 없나요?"

"석유는 왜요?"

"우리 아이가 시험공부를 하고 있는데 오늘 갑자기 추워져서 석유집에 전화를 걸어 한 통 배달해달라고 했어요. 그런데 오늘은 일요일이기 때문에 배달이 안 된답니다. 댁에 혹시 석유가 있으면 한 통 얻을 수 없을까 해서요."

"아, 그러세요? 마침 우리집에 작년에 사서 쓰고 남은 석유가 두 통이나 있으니 한 통 가져가세요."

"고맙습니다. 이거 정말 잘됐네요. 얼마를 드리면 좋을까요?"

"잠깐 기다려보세요. 알아볼 테니까요."

이렇게 말하고 그 부인은 작년에 썼던 가계부를 찾아내 그 석유를 얼마에 샀는지 확인했다. 그 석유는 한 통에 650엔이었다.

"650엔으로 적혀 있으니까 아마 이 가격이 틀림없을 거예요."

"그래요? 감사합니다. 그럼 곧 돈을 갖고 올게요."

"아니, 돈은 나중에 주셔도 돼요."

"아니에요. 잊어버리기 전에 바로 드려야지요. 지금 갖다드릴 게요."

이웃 아주머니는 집으로 가서 650엔을 가지고 왔다.

"정말 고마워요."

"아니에요. 뭐 그런 걸 가지고···."

그때 내 친구는 2층에서 원고를 쓰고 있었다. 이웃 아주머니 의 말소리가 들리기에 아래로 내려와서 무슨 일인지 알아보았다.

"그 아주머니는 왜 오신 거예요?"

"석유가 필요하다고 해서요. 그래서 한 통 나눠주고 돈을 받 았지요."

"얼마를 받았는데요?"

"가계부를 보니까 650엔에 샀길래 650엔 받았어요."

"아니, 여보. 당신 올해 석유 한 통에 얼마나 하는지 알고서 말 하는 거요?"

"글쎄요. 아직 사보지 않아서 모르겠는데요. 아마 작년보다는 좀 올랐겠지요. 700엔쯤 하지 않을까요?"

"그럼 당신은 700엔을 받아야 하지 않아요?"

"어쩜 그런 말을 해요? 이웃간에 석유를 팔아서 돈을 남기자는 건가요?"

"아니, 돈벌이를 하겠다는 게 아니라 만약 지금 석유 한 통에 700엔이면 650엔에 샀던 것이라 하더라도 700엔을 받아야 한다는 거요."

"당신 정말 너무하는군요. 그 석유는 틀림없이 650엔에 산 게 맞다니까요."

"누가 그렇지 않대요? 그렇지만 다음에 또다시 이웃 아주머니가 와서 나머지 석유 한 통도 사자고 하면 당신은 또 650엔을 받을 것 아니오? 그러면 두 통을 팔고 나서 우리가 쓸 석유를 새로 사려면 그때는 700엔을 주고 사야 하잖아요."

"참, 그렇군요. 그럼 다음에는 팔지 않겠어요."

"아니야. 팔고 안 팔고의 문제를 말하는 게 아니에요. 다른 사람에게 팔지 않았으면 올해 700엔의 가치가 있는 것을 650엔에 팔아치우고 우리가 살 때에는 700엔을 내야 되니까 한 통에 50엔 손해를 본다는 걸 말하려는 거예요."

"아이 참, 그까짓 50엔이 무슨 문제인가요? 당신은 뭘 그런 걸 다 따져요?"

이렇게 되면 완전히 만담이 되지만 이 부인은 말도 안 되는 억지만 부리고 있는 셈이다. 기업에서도 원가계산을 할 때 이 부인의 사고방식과 똑같은 방법을 취하는 곳이 꽤 많다. 선입선출법, 이동평균법, 당기평균법 등과 같은 방식으로 재료비를 산출하고 있는데, 이것은 회계상 조리를 맞출 수는 있지만 결코 올바른 코스트 관리라고는 할 수 없다. 그런 식이라면 이 순진하고 정직한 부인에게 기업회계를 맡겨도 될 것이다.

BACK

필요 없는 목적

TO THE

Needless Purpose

BASICS

필요하지도 않은 일에 신경을 쏟을 만큼 한가한 사람은 아무도 없다. 우리는 혹시 규율과 원리원칙을 반드시 지켜야 한다는 고지식함의 포로가 된 것은 아닐까? 우리를 옭아맨 사슬이 강하면 강할수록 필요 없는 목적은 더욱 늘어만 간다. 중요한 건 생명력 없는 서류양식을 꼼꼼히 메우는 일이 아니다. 시퍼렇게 살아 움직이는 현실 속에서 본질적인 목적을 향해 곧바로 육박해 들어가는 것이다. 지금 당신이 하고 있는 모든 업무는 진정 '필요한' 업무인지 다시금 돌이켜보자.

수다스러운 볼트와 너트

무료한 주부를 위한 심심풀이 부업? _____

어떤 공장에서 부족한 일손을 메우기 위해 공장 주변 주택가에 사는 가정주부를 파트타임으로 채용해 단순작업을 맡겼다. 그 주부들은 한결같이 4, 5명씩 마주 앉아서 무엇이 그렇게 재미있고 즐거운지 재잘거리며 볼트와 너트를 집어 들었다. 오른손으로 집은 볼트를 너트 구멍에 대고 돌려서 끼우고, 이것이 한 무더기가 되면 옆에 놓인 저울로 달아서 일정한 중량이 됐을 때 비닐봉지에 담는 작업이었다. 나는 그 작업과정을 지켜보다가 도대체 이 주부들은 어떤 목적으로 볼트와 너트를 끼워 맞추고 있는 것일까 하는 의문을 품었다.

물론 그들이야 개당 얼마라는 품삯을 받기 위한 돈벌이가 목적으로 할 뿐이다. 그렇다면 임금을 줘가면서 이 작업을 위탁하는 목적은 무엇인가?

가전제품을 사면 고정용 부속품으로 볼트와 너트가 따라오는 경우가 있다. 필요한 건 4개인데 대개 1개쯤은 여분으로 더 준다. 구매자는 이 볼트와 너트가 담긴 비닐봉지를 뜯어 볼트와 너트를 꺼내고 결합된 볼트와 너트를 다시 풀어서 사용한다. 이렇게 최종 사용단계에서 다시 풀게 되는 것을 어째서 번거롭게 끼워 맞춰서 주는 것일까?

볼트와 너트가 잘 맞는다는 것을 입증하기 위한 것인가 하면 그렇지도 않다. 요즘 볼트와 너트의 정밀도는 굉장히 높아서 1만 개에 한두 개의 불량품이 나올까 말까다. 필요한 건 4개인데 1개를 추가로 넣어 주는 이유는 또 무엇인가? 25%의 원가상승 요인이 되는데 필요한 4개만 넣어서는 안 될 이유가 어디에 있는 것인지. 나는 아무리 생각해 봐도 이러한 의문을 풀 수가 없었다.

경영자는 일손이 달린다느니 인건비가 비싸게 먹힌다느니 원가가 많이 먹혀 이윤이 줄어든다느니 우는 소리만 할 게 아니라 불필요한 목적을 달성하기 위해 들이는 품과 필요 이상의 것을 넣어 주는 낭비부터 없애야 하지 않을까? 이런 식의 헛일을 다른 곳에서 또 많이 하고 있는 건 아닌지 냉철한 눈으로 검토하고 반성해야 한다.

귀부인과 비스킷

부자 동네에서 잘 팔리는 싸구려 비스킷 _____

식품위생법이 까다로워지면서 과자를 만들 때 예전처럼 사카린 등의 인공감미료를 첨가하기 어렵게 됐다. 이제부턴 순수한 당분만으로 과자를 만들어야 하니, 과자 한 개에 드는 원가도 오를 수밖에 없다.

무역의 자유화에 따라 외국계 제과회사가 줄줄이 꼬리를 물고 일본의 제과회사에 도전하고 있다. 일본에서 합작회사를 설립한다든가 단독출자로 기업을 설립하면서 말이다. 더구나 소비자의 기호도 다양하게 변하면서 과자의 종류도 엄청나게 늘기 시작했다. 큰일 났다 싶어진 기업들은 온 힘을 기울여 원가절감이란 과제에 도전하기 시작했다.

그 무렵, 나는 한 제과회사의 전국지사 영업 관계자가 모인 자리에서 이런 말을 했다.

"제과회사가 앞으로 살아남기 위해서는 이전과는 다른 과자를 만들어서 판매를 늘리든가 아니면 현재 만들고 있는 과자의 원가를 낮추든가 둘 중의 하나를 선택해야 합니다. 그런데 여러분은 원가 절감문제에는 진지하게 도전하고 있지만, 새로운 과자를 만들어 시장수요를 확대하고 개척하는 과제에 대해서는 별로 신경을 쓰지 않고 있는 것 같은데요. 다들 어떻게 생각하십니까?"

그리고 이런 말을 덧붙였다.

"이렇게 모든 물자가 풍성하게 공급되는 시대에 사람들이 여전히 과자를 많이 먹고 있는가 하면 그렇지도 않습니다. 과자라는 건 이제 심심풀이로 한두 개 집어먹는 정도로 밖에 소비되지 않고 있습니다. 따라서 값싼 과자를 만들기보다는 오히려 보기에도 고급스러워 보이는 과자를 만들어야 할 때가 아닌가 싶습니다. 백화점이라든가 호텔 레스토랑 등에서 얼핏 보아도 멋진 고급 제품처럼 보이는 과자를 파는 거지요. 비싼 과자에는 비싼 값에 어울리게 그 포장 용기 디자인도 신경 써야 할 겁니다. 스웨덴 호수나 타히티의 저녁 풍경 같은, 누가 봐도 멋지다고 느낄 만한 디자인으로 장식해서 판매하는 방향으로 회사의 영업 방침을 바꾸어나갈 필요가 있지 않을까요?"

이야기를 끝내자 영업부장이 말했다.

"옳은 말씀이라고 생각합니다. 저희 역시 전부터 그런 점은 알아차렸지만 실천에 옮기려는 단계에서 틀어졌습니다. 사람들의 기호라는 게 꼭 그렇지만도 않다는 사실이 밝혀졌지 뭡니까. 그래서 그 계획이 차질을 빚고 있습니다."

이유가 뭔지 캐물어봤다.

"오사카 남쪽에 아시야라는 곳이 있지 않습니까? '아시야 부인'이라는 말이 돈 많은 귀부인의 대명사로 쓰이는 것처럼 아시야는 일종의 고급주택가입니다. 그런데 그 지역에서 가장 많이 팔리는 저희 회사 과자가 사실 20엔짜리 가장 싼 비스킷이란 말을 들었습니다. 저희도 그 사실을 알고 나서 매우 놀랐습니다. 부자들이 값싼 비스킷을 먹다니 말이죠. 아시야에서도 이런 실정인데 저희가 값비싼 고급과자를 만든다고 과연 다른 지역에서 팔릴까 걱정할 수밖에 없었죠."

"그 말이 정말입니까?"

나로서도 그 말은 너무나 뜻밖이어서 이렇게 되묻지 않을 수 없었다.

"물론입니다. 분명 틀림없습니다."

영업부장은 팔짱을 끼고 입을 굳게 다물었다.

이 말을 듣고 있던 본사 영업부의 한 직원이 말했다.

"선생님은 영업부장님의 말을 어떻게 생각하십니까? 저는 도저히 이해할 수가 없군요. 제 눈으로 직접 조사해보겠습니다."

"그거참 잘 됐습니다. 꼭 조사해 주십시오. 만약 그것이 사실이라면 아무래도 영업 전략을 바꾸어야 할 테니까요."

이렇게 해서 일단 그 자리는 끝이 났다.

싸구려 비스킷의 진짜 소비자 _____

얼마 후 그 영업부 사원은 아시야로 갔다. 우선 거래가 있는 과자 가게로 가서 가장 값싼 비스킷이 정말 잘 팔리는지 조사해봤다. 그랬더니 사실이라는 대답이 돌아왔다. 그는 '돈이 많은 사람일수록 인색하다는 말이 있던데, 정말 이곳 부자들은 값싼 비스킷만 먹는 것일까' 생각하면서 영업부장의 말을 되새겼다.

그런데 마침 어떤 젊은 부인이 가게에 와서 이 회사의 20엔짜리 비스킷을 사는 것이었다. 잘됐다 싶어 그는 부인을 뒤따라가서 물었다.

"저, 실례지만 한 가지 물어볼 것이 있는데요. 부인께서는 그 비스킷이 좋아서 사시는 건가요?"

이 말을 듣자 그 부인의 얼굴이 벌게졌다.

"뭐라고요? 당신 뭐예요? 내가 이 따위 싸구려 비스킷을 먹는 줄 알았어요? 이봐요, 이건 우리 집 개가 먹을 간식입니다!"

"아, 그렇습니까? 아이고, 정말 죄송합니다."

그는 당황해서 도망치듯 그 자리를 피했다. 그러면서도 속으로는 '그러면 그렇지! 현지조사를 온 보람이 있네'라며 흐뭇해했다.

그 후 그는 싸구려 비스킷이 정말로 개 먹이로 쓰이고 있는지 확인조사를 했고, 애완견 사료 값이 비싸기 때문에 애견가들 대부분이 이 싸구려 비스킷을 사서 개에게 먹이고 있다는 수많은 증거를 입수할 수 있었다.

"역시 선생님 말씀대로 목적을 분명히 생각하고 과자를 만들지 않으면 큰일 나겠더군요. 그 비스킷은 사람이 아니라 개가 먹는 과자였습니다. 개에게 먹이는 것이 목적이라면 식품위생법 같은 건 아무 상관없을 테니 사카린을 넣든 말든 괜찮지 않겠어요?"

펑크의 통계표

예전에 식품회사의 수송실태를 조사하기 위해 새벽 4시에 일어
난 적이 있다. 직접 식품수송차의 조수석에 앉아 조사하려면 기
본적으로 아침 6시까지는 식품회사에 가야 한다. 오전 5시 45분
먼동이 터 올 무렵 나는 회사 식품창고 앞에 도착했다. 그런데도
이미 수많은 트럭들이 창고 앞에 줄지어있었다. 운전기사들은 부
지런히 차를 점검하는 중이었다. 그들의 부지런함에 감탄하는 사
이, 금세 6시가 됐다. 창고 문이 열리고 일제히 적재 작업이 시작
됐다.

나는 시계를 보면서 실제 작업내역과 소요시간을 기록했다.
트럭에 식품을 가득 실은 운전기사가 마지막 안전점검을 마치고
출발할 때 나도 얼른 조수석에 올라탔다. 항상 붐비는 도심의 도
로도 이 시간대에는 텅 비어있다. 이윽고 목적지 식품점에 도착
하자 운전기사는 쾌활하게 인사를 한 다음, 주문받은 식품을 내

려서 옮겼다. 납품서를 떼어 주고 영수증에 서명을 받은 후 다시 차에 오른 우리는 다음 목적지로 향했다.

오전 10시경 배달을 모두 끝낸 다음 빈 트럭을 몰고 회사로 돌아왔다. 다시 두 번째 적재작업이 시작됐다. 10시 30분, 나는 또 다시 조수석에 타고 출발해서 각 상점에 배달을 끝낸 뒤에 오후 2시가 돼서야 회사로 돌아왔다. 8시간 동안이나 차를 탔더니 몹시 배가 고팠다.

가까운 식당으로 가서 늦은 점심 식사를 하며 그날의 작업 내용 중 미심쩍었던 점을 운전기사에게 여러 가지 물어봤고, 상세한 대답을 들을 수 있었다. 운전기사는 식사가 끝나자마자 곧바로 업무일지를 꺼내더니 인수증과 대조해가며 그날의 배달품목, 수량, 상점 이름 따위를 기입하기 시작했다. 업무일지에는 불량품 여부, 상품의 착오 여부를 비롯해서 운행도중의 LPG 보충량, 펑크 등 사고의 유무 따위를 기입하는 난이 있었다. 이 모든 난을 채워 업무과에 제출해야 했다. 운전기사는 운전만 하는 것이 아니라 배달시점에서는 영업사원이고 업무일지를 기입할 때에는 사무직을 겸하는 셈이다.

세상에 쉬운 일이란 없다고 생각하면서 그 업무일지가 어떻게 처리되는가를 추적 조사해보기로 했다. 이 회사에는 식품수송 차량만도 300대나 된다. 따라서 각 운전기사들이 제출한 300매의 업무일지는 일단 업무과에서 정리해 이를 기초로 여러 가지 통계데이터를 작성하는 시스템이다.

펑크 통계를 내면 펑크가 줄어든다?

그런데 업무일지의 하단에 '펑크건수'라는 난이 있기에 자세히 살펴봤더니, 대부분의 운전기사가 '0'이라고 기입했지만 가끔 '1'도 보였다. 업무과 직원은 300매의 업무일지를 모두 살펴보고 오늘의 펑크건수는 몇 건이라는 식으로 집계를 내게 되어 있다. 통계담당 직원은 이 펑크건수를 확인한 다음 펑크대장에 ○월 ○일 펑크 ○건이라는 식으로 기입해 그 대장을 계장에게 넘긴다. 계장은 뒷벽에 붙어 있는 펑크통계표에 그래프로 표시한다. 그 그래프를 보니 '0'이 대부분이지만 많을 때는 5건까지 있어서 1일 평균 2, 3건의 비율로 발생하고 있음을 한눈에 알 수 있었다.

나는 계장에게 펑크통계를 작성하는 목적이 무엇이냐고 물었다.

"글쎄요. 이건 왜 만드는 거지? 그저 이런 것도 데이터로 만들어두려는 거겠죠."

"그런데 그 데이터를 만들어서 어디에 쓰냐는 거죠. 할 일이 없어서 심심풀이로 하는 건 아니잖습니까."

"원, 무슨 말씀을…. 그럼 이런 통계는 만들면 안 된다는 건가요?"

나는 답답한 마음에 좀 더 자세하게 설명해줄 수밖에 없었다.

"이 통계표가 펑크 건수 감소에 도움이 되고 있느냐 없느냐가 문제죠. 이런 통계표를 만들었다고 내일 일어날 펑크가 줄어들리는 없지 않습니까? 가령 오늘 2건의 펑크가 있었다고 쳐봅시다.

그럼 그 펑크를 일으킨 차량은 몇 호 차인가, 어느 도로 어느 지점에서 펑크가 났는가, 그 차의 타이어는 언제 출고돼 몇 킬로미터, 몇 시간 사용한 것인가, 펑크의 원인은 타이어가 낡아서인가, 아니면 못 같은 것이 박혀서인가, 그 못은 어디서 박혔는가, 그 도로에는 못이 박혀있을 확률이 특별히 높은가, 내일도 그 도로를 통과해야 되는데 안전하겠는가. 이런 모든 점이 체크되지 않는 이상 펑크 건수의 데이터만으로 무슨 도움이 되겠습니까?"

업무계장은 그제야 말뜻을 이해하고 뒤통수를 만지면서 쑥스러운 듯, 그러면서도 조금은 의아해하며 물었다.

"그렇다고 그 모든 것을 조사해볼 수는 없지 않나요?"

"그렇죠. 그 모든 것을 추적하고 조사해서 대책을 세우려면 펑크로 인한 손실액 이상으로 조사·대책비용이 더 들어갈 판이니까요. 한마디로 말해서 이런 데이터 조사는 전혀 필요가 없다는 말입니다."

"아, 정말 옳은 말씀입니다."

품질관리 중독이 불러온 데이터 집착

이런 일은 펑크건수 조사에서만 일어나는 게 아니다.

제조기업에 가보면 품질관리를 한답시고 수많은 데이터를 작성하는 사람들의 풍경을 볼 수 있다. UCL(Upper Control Limit)이니 LCL(Lower Control Limit)이니 날마다 통계를 내고 있는데 따지고 보면 앞서 말한 펑크 통계와 별반 차이가 없는 헛일이 대부분일 것이다. 그런 데이터는 아무리 세밀하게 내더라도 불량품 비율을 줄일 수 없다. 대충 봐서 예상대로 되고 있으면 그것으로 충분하다. 관리의 목적은 정상에서 벗어나는 일이 일어났을 때 조치를 취하자는 것인데 비정상적인 상황은 굳이 날마다 통계를 내지 않더라도 담당자가 즉시 알아차릴 수 있으니 말이다.

나는 공장에 갈 때마다 이런 '필요 없는 목적'을 즉시 중지하라고 권한다.

"그렇지만 QC(품질관리) 강습회에서는 이렇게 하라고 가르치는데요? 저희는 배운 대로 하고 있는 것뿐입니다."

이런 말을 들으면 답답하다. 그 사람들은 QC를 가르치는 것이 목적일 뿐, 그 회사의 불량퇴치가 목적은 아닌 셈이다. 그들은 QC를 가르치는 방법은 배웠을지 모르지만 회사를 경영하고 공장을 관리하는 방법을 배운 일이 없는 것이다.

QC에 중독된 사람들에게 나는 이렇게 말한다.

"당신은 회사에 출근할 때마다 상사에게 "오늘도 이상 없이 출근했습니다. 안심하십시오"라고 말하고, 점심시간이 끝난 다음에 "이제 점심시간이 끝났으니 다시 일을 하겠습니다" 말합니까?"

"그런 말을 왜 해야 하는거죠?"

"그럼 뻔한 통계 데이터는 왜 날마다 작성하는 겁니까? 그것도 시간을 들여가면서. 그거나 이거나 마찬가지 아닐까요?"

어떤 출장보고서

출장은 하루, 보고서 작성은 이틀 _____

신칸센이 개통된 이후 도쿄와 오사카 사이를 당일치기로 출장 다녀오게 하는 기업이 늘었다. S씨가 근무하는 오사카의 한 상사도 그런 기업 중 하나다. 업무의 효율화 및 출장 숙박비 절감이라는 일석이조를 노린 것이다.

S씨는 매월 평균 한 번은 도쿄 출장을 갔는데 출장 당일은 새벽부터 서둘러야 한다. 아침 5시 전에 일어나서 첫차를 타고 상경해 10시 반에 도쿄영업소에 도착한 다음, 저녁 6시까지 협의와 업무추진 현황 파악을 한다. 볼일을 다 본 후 저녁 7시 기차를 타고 오사카로 돌아오는데 집에는 밤 12시 가까이 돼야 도착하는 빡빡한 스케줄이다.

그럼에도 출장을 다녀온 이튿날에 정시 출근해서 출장 결과를 상사에게 구두로 보고한 다음, 회사의 규정양식에 맞춰 출장보고서를 작성해 업무부에 제출해야 한다. 그는 글 쓰는 게 무척

서툴러 보고서 작성으로 항상 애를 먹는다. 그래도 입사한 지 3년을 맞은 만큼 보고서의 비고란에는 자기 나름의 주장과 판단을 담아 보려고 애를 쓰고 있었다.

그는 자신이 상사의 신뢰를 받고 있다는 사실을 잘 알고 있었다. 그래서 더욱 그 기대에 부응하기 위해 온갖 아이디어를 다 짜내려 하는 것이다. 그 결과, 출장은 하루에 끝나지만 출장보고서 작성은 이틀이 걸렸다.

굳이 이런 저런 명언을 늘어놓지 않아도 시간을 아끼라는 의미의 명언은 한두 가지가 아니다. 이 S씨를 보고 있노라면 참으로 딱하지 않을 수 없었다.

컨설팅을 위해 이 회사를 방문했을 때도 S씨는 출장보고서를 쓰고 있었다.

"우리 과에는 무슨 일이건 척척 해치우는 젊은 친구들이 있어서, 정말이지 마음 든든합니다."

영업과장이 이렇게 자랑했기 때문에 나는 S씨가 일하는 모습을 유심히 지켜봤다. 그는 몇 자 쓰다가 종이를 찢고, 다시 쓰는 악전고투를 거듭하다가 간신히 출장보고서를 마무리 지었다. 힐끗 보니 휴지통에는 쓰다 버린 종이가 수북했다.

'글씨까지 예쁘게 쓰느라고 고생이구만.'

나는 그 보고서를 좀 보여 줄 수 없느냐고 청했다.

"정말 굉장히 정성들여 쓰셨군요."

"네. 다른 선배님들이나 동료들은 하루 만에 써서 내지만 저는 좀 더 자세하게 쓰려고요. 여기 별지가 따로 있는데, 이것도 첨부할까 말까 망설이는 중입니다."

그는 몹시 자랑스러워하는 것 같았다. 하지만 그 보고서에는 문제점이 한두 가지가 아니었다.

'문제점으로 제기해놓은 건 하나도 없군.'

'항목별로 정리해서 한눈에 알 수 있게 쓸 줄은 모르는 것인가?'

'이렇게 미주알고주알 장황하게 쓴 글을 누가 끝까지 읽지?'

나는 결국 그에게 질문했다.

"특별히 문제가 될 것은 없다고 보는데, 언제나 이런 식으로 쓰십니까?"

"네. 하지만 이번 보고서는 비교적 수월하게 작성했습니다. 특별한 문제가 없는 바람에 하루 반 만에 끝낼 수 있었거든요."

그 말에 기가 막혀서 말이 안 나올 뻔 했다.

"당신은 출장보고서를 쓰는 목적이 무엇이라고 생각합니까?"

"그거야 보고서를 쓰라고 회사의 규정에 나와 있고, 상사도 써서 달라고 하니 쓰는 거지요. 모두들 그렇게 하기 때문에 이왕이면 충실하게 쓰려고 노력합니다. 사실 보고서를 쓴다는 게 굉장히 힘든 일이긴 합니다."

"출장보고서라는 건 계획대로 되지 않는 일이 있거나 뭔가 이상이 있을 경우에 관련 부서에 보고하기 위한 거잖아요. 정상대로 추진되고 있다면 굳이 시간 들여가면서 쓸 필요가 없습니다."

다행히 내 말은 그 직원과 회사에 잘 받아들여졌고, 이 회사는 그 후 특수한 경우 이외에는 출장보고서를 생략하는 식으로 시스템을 바꿨다.

질책당한 결재부장

신입사원, 결재서류와 씨름하다 ──────

어느 일요일, 한 의류회사 사장이 보낸 정중한 컨설팅 의뢰 편지
가 집으로 배달됐다. 컨설턴트에게는 토요일도 일요일도 없다. 나
는 그 즉시 교외 언덕길을 차로 달려갔다.

'도대체 어떤 회사일까? 편지에는 원가절감을 시도하고 싶다
고 했는데, 그게 어느 정도의 수준일지. 혹시 더 이상은 원가절감
을 안 해도 될 정도로 잘 되어있는 회사여서 성과를 올리기 어렵
지는 않을까?'

이런저런 생각을 하는 사이에 회사 건물이 나타났다. 깔끔한
인상을 주는 사옥과 공장을 갖춘 회사였는데 연락을 받고 즉시
현관으로 달려 나온 사장 역시 인품이 느껴지는 신사였다.

그 사장에게서 회사의 여러 실정이라든가 업계의 현황을 들
은 다음 곧바로 공장을 견학했다. 공장을 대충 둘러보고 의류의
제조공정과 방법에 대한 설명에 귀 기울이면서 속으로 이 곳은

아직도 개선할 여지가 많이 있겠다 싶어 마음을 놓았다. 그때 사장이 재촉을 해왔다.

"어떻습니까? 아직 원가절감의 여지가 있습니까? 20%는 꼭 좀 절감해야 할 형편입니다."

"저는 여기 온 지 이제 두 시간밖에 안 됐습니다. 당장 해결책이 나오긴 힘들 것 같네요. 그래도 지금까지 보고 들은 범위 안에서 한두 가지는 즉시 개선할만한 점이 있으니까 잘만 하면 사장님 요청대로 그 정도의 원가절감이 가능할 것 같습니다. 만약 성과가 오르지 않으면 한 푼도 받지 않겠습니다."

"말로만 들어도 감사합니다. 선생님 지시대로 따르겠습니다. 과감하게 지도해 주십시오. 그런데 정말로 20%나 절감할 수 있을까요?"

"염려 마십시오. 틀림없이 할 수 있습니다. 여러 가지로 각도를 바꿔 실천해 보면 어떤 제품의 코스트이건 낮출 수 있습니다. 저는 여러 기업에서 이미 수많은 실적을 올렸으니까요."

나는 이런 말들로 사장을 안심시켰다.

그 회사의 제품과에는 갓 입사한 젊은이가 한 명 있었다. 그는 컨설팅 의뢰의 품의서 작성을 맡고 있었는데 이튿날 내가 다니는 회사로 일부러 찾아와서 이렇게 말했다.

"원가절감의 실천 스케줄과 관련 장부 리스트는 이미 받았습니다만 컨설팅의 결재를 내야 해서요. 저는 입사한 지 얼마 안 돼별로 아는 것이 없으니 잘 좀 부탁드립니다."

'이 회사는 문서관리라든가 품의 규정·절차가 제법 까다로운 모양이군.'

나는 여러 가지 질문에 성심성의껏 대답했다. 그는 회사로 돌아가 내가 한 설명을 적은 메모를 참고해 품의서를 작성하고 과장에게 올렸다. 그런데 과장이 여러 클레임을 달면서 이걸 고쳐라, 저걸 고쳐라 지시하는 바람에 과장 결재를 받는 데만 3일이 걸렸다. 다음 차례는 부장이었는데 그 역시 까다롭기로는 소문난 사람이었다. 온갖 지적을 늘어놓으며 품의서를 반환시켰다. 결국 기안문서는 다시 작성자에게 돌아왔다.

사장의 지시보다 중요한 완벽한 결재서류

풀이 죽은 이 젊은이는 기안문서를 들고 다시 내게 찾아왔다.

"저희 부장님께서 선생님을 찾아가 품의서의 미비한 점을 알아오라고 하셔서 할 수 없이 다시 왔습니다. 수고스러우시겠지만 잘 부탁드립니다."

이쯤 되자 나도 답답하지 않을 수 없었다.

"참 딱하게 됐네요. 그런데 이 컨설팅은 댁의 사장님이 결정을 내려서 실행된 것 아닌가요? 어떤 점 때문에 이런 품의서를 만드는 거죠?"

"사실 저도 그렇게 생각하는데, 저희 과장님과 부장님은 다르게 생각하셔서요. 구멍가게 같은 회사라면 모를까, 저희 회사의 규모에서는 품의와 결제를 제대로 받아 놓아야 한다고 말씀하시네요."

그는 나와 대화를 나누면서도 열심히 메모를 했다. 나는 그에게 품의서는 어느 정도의 분량이 돼야 할 것 같은지 물었다.

"저희 부장님의 지시대로 하자면 열 장은 필요할 것 같습니다."

"그렇게 장황한 품의서를 그 바쁜 사장님이 끝까지 읽을 것 같습니까?"

"그렇긴 하지만 저희 부장님이 워낙 까다로워서요."

나는 마지못해 그 젊은이의 요청을 들어줬다. 그는 연신 고개를 숙여 감사를 표하며 회사로 돌아갔다. 이튿날 깨끗하게 정리된 품의서는 과장과 부장의 결재를 받을 수 있었다. 부장은 그 품의서를 들고 상무실로 갔다.

"상무님, 컨설팅 의뢰 품의서가 작성됐습니다. 읽어보시고 결재 부탁드립니다."

"아, 그 JEMCO 컨설팅 의뢰 말인가? 그건 이미 1주일 전에 사장님 지시에 따라 추진 중인 거잖아. 설마 당신이 몰랐을 리야 없지 않나?"

"저도 알고 있습니다만 아무래도 정식 절차를 밟아서 결재를 받아놓는 것이 좋지 않나 싶어서요."

상무는 그 두툼한 품의서를 집어 들더니 벌떡 일어나서 호통을 쳤다.

"당신, 정신이 있는 거야? 무슨 잠꼬대 같은 소리를 하고 있어! JEMCO에서는 이미 실태조사에 들어가서 개선 대책도 차례대로 나오고 있는 판인데! 사장님의 지시가 중요한가, 당신들 결재가 중요한가? 말해 보라고! 도대체 이렇게 장황한 품의서가 왜 필요하냔 말이야!"

스테레오 개선위원회

아무도 눈치채지 못한 구멍의 역할 _____

요즘 청년들의 음질에 대한 민감도는 나 같은 옛날 세대 사람들은 도저히 따라가지 못한다. 온갖 종류의 고성능 스테레오 제품이 청년들에게 최고 인기상품으로 홍보되고 있으니, 오디오 회사들이 신제품 개발에 전력을 기울이는 것도 당연한 일일 것이다.

과다경쟁이나 다름없는 상황에서 어떤 오디오 회사는 그야말로 사활을 건 스테레오 개선 활동계획을 입안하고 그 상담역으로 날 초빙했다.

나는 즉시 목적별 프로젝트팀을 편성하고 다시 세부 대상별로 소집단을 구성했다. 그 팀 중에는 스테레오 앰프팀도 있었다. 개선활동 중 몇 백 가지 아이디어가 제안됐지만 모두가 일장일단이 있었기 때문에 다시 한 번 도전하기로 했다. 얼마 후 다시 모여 아이디어 발표를 하던 도중 커버에 관련된 문제가 제기됐는데 그때 나는 한 가지 사실을 알아차렸다. 도면을 자세히 보니 앰프

위의 커버에 매우 섬세한 디자인으로 작은 구멍들이 수없이 뚫려 있었던 것이다.

'이 오디오 회사는 고성능 앰프를 슬로건으로 삼고 있으니까 설계팀에서 이런 세세한 점까지 신경 쓰고 있는 모양이네.'

일단은 이렇게 넘기려고 했는데 아무리 생각해도 지나치게 세밀한 디자인이 마음에 걸렸다. 대체 이렇게 섬세하게 구멍을 뚫는 이유가 뭘까? 나는 바로 설계담당자를 불렀다.

"이 구멍은 굉장히 섬세한 디자인이군요."

"아, 이거요. 앰프에서는 열이 나서요. 그 열을 식히기 위해 뚫어 놓은 구멍입니다."

"그렇지만 이렇게 작은 구멍을 골고루 뚫어 놓은 데엔 뭔가 이유가 있지 않나요?"

"맞습니다. 저희는 현재 미국에 수출도 하고 있는데 1970년대 초까지만 하더라도 내수용 앰프 커버의 구멍을 이렇게 작고 조밀하게 만들면 인기를 끌어 예상외의 매출을 올렸거든요."

그 설계담당자는 자랑스럽게 말했다.

"그래서 저희 회사에서는 판매지역을 넓히기 위해 미국의 안전규격(UL)을 취득하기로 했던 겁니다. 이 규격은 만약 앰프에 고장이 나서 내부 부품이 과열돼 불이 나더라도 불꽃이 외부로 나오지 못하게 되어 있습니다. 물론 부품들도 불연성이고 안전규격에 합격한 것만 사용하고 있고요. 뿐만 아니라 어린 아이의 손가락이 구멍에 들어가 내부의 부품에 닿는 상황을 막으려는 이유도 있고요."

그는 계속 자신 있는 말투였다. 이 말을 듣는 팀원들도 모두 비슷한 얼굴을 했지만, 난 아무래도 수긍할 수 없었다.

진공관식의 앰프라면 그 말이 맞다. 진공관 중심부에는 열기처럼 빨갛게 달아오르는 히터부가 있다. 히터부의 열을 외부로 발산시키지 않으면 앰프 내부온도는 100도 가까이 올라갈 우려가 있다. 그래서 내부의 다른 부품이 변형되거나 고장 나는 원인을 미연에 방지하기 위해 작은 구멍을 많이 뚫어 놓는 것이다.

그런데 지금 이 회사에서 개선의 대상으로 삼은 앰프는 진공관식이 아닌 트랜지스터식 앰프다. 히터부에 해당하는 부분은 있지도 않다. 이 무수한 작은 구멍을 가공하는 데 얼마나 많은 시간과 돈을 잡아먹고 있는 것인가?

나는 이 점을 설계기사가 이해하고 있는 것인지 따져 물었다.

"우리가 개선하려는 건 트랜지스터식 앰프잖습니까. 열의 발생은 진공관에 비해 거의 없지 않나요? 이 점을 어떻게 보십니까?"

"네? 무슨 말씀이신지?"

"열도 나지 않는 앰프에 열을 식히기 위한 구멍을 공들여 뚫을 것까진 없지 않느냐는 거죠."

그러자 설계기사를 비롯한 모두의 얼굴 표정이 바뀌었다. 이로써 '이 일을 왜 하는 것인지, 이것이 왜 필요한 것인지 늘 생각하며 일하는 것'이 중요함을 일깨워주는 사례가 하나 더 늘었다.

남의 떡이 더 커 보인다

꼼꼼함을 질투한 A사의 입장 ──────

늘 철두철미하게 시간을 잘 지키던 친구가 어느 날은 약속 시간에 30분 정도 늦은 적이 있다. 차분한 성격의 그가 허둥지둥 달려오는 모습을 보며 나는 왠지 모를 흐뭇함을 느꼈다. 친구는 사과를 하면서 늦은 이유를 말하기 시작했다.

친구가 다니는 직장은 업계에서도 손꼽히는 큰 회사다. 그 회사는 최근 어떤 관청에 최신 설비를 납품했다. 그것은 거대한 4개의 로커에 들어있는데 그 로커는 회색의 멜라민계 수지로 표면처리가 돼있다. 일단 시범제품으로 납품을 해 본 건데, 경쟁회사인 B사도 똑같은 설비를 시범제품으로 한 대 납품했다. 관청에서는 이 두 회사의 시범설비를 같은 곳에 설치하고 시운전을 했다.

첫 시운전 때 친구의 회사 측과 경쟁회사 B사가 함께 입회하여 많은 관계자들이 참가했다. 시운전은 모두 이상 없이 잘 되었고 클레임도 전혀 없어 일이 잘 돼가는 것 같았다. 그러나 관계자들이 모두 한 시름 놓은 것도 잠깐, 다음날 그의 회사 전무가 그 설비 제작에 관여한 임원진을 모아놓고 전날의 시운전에 대해 몇 가지 사항을 지적했다.

"B사의 제품을 보세요. 우리가 납품한 로커는 측면을 그대로 방치하고 있잖아요. 아무리 4개의 로커를 나란히 늘어놓아서 측면이 보이지 않는다 해도 B사 로커는 방청페인트를 칠한 다음 다시 표면을 미장처리했는데 우리 로커는 방청페인트만 칠했더군요. 녹이야 안 슬겠지만 표면이 매끈하지 않잖소? 보이지 않는 곳도 결코 소홀히 하지 않는 B사의 자세를 우리 모두 배워야 합니다. 모든 것은 마음가짐의 문제란 말입니다."

그는 전무가 몹시 책망을 한 나머지 나와의 약속 시간에 그만 늦었던 것이다. 무척 울적한 심정으로 말하는 그를 보며, 나는 그런 일이 있었냐며 그저 묵묵히 들어주었다.

원가의식에 놀란 B사의 입장

그런데 그 말을 들은 지 1주일 후, 어떤 모임에서 뜻밖에도 일면식이 있던 B사의 생산담당 상무를 만났다.

"상무님, 이거 참 오랜만입니다. 잘 지내셨습니까?"

"반갑습니다. 선생님도 그간 안녕하셨습니까?"

인사를 주고받은 다음 문득 얼마 전에 들은 친구 이야기가 생각났다. 그래서 한번 이야기를 꺼내보았다.

"관청에 납품한 설비가 매우 평이 좋았다고 들었는데 참 다행입니다."

"그걸 어떻게 아셨습니까? 선생님의 정보망은 참 대단하시군요. 정말 놀랍습니다. 설비 평이 나쁘지는 않았지만 우리보단 A사의 원가의식이 굉장히 철저하더군요. 그날 시운전이 끝나고 나서 즉시 직원들을 모아놓고 훈계를 했습니다. 우리는 쓸데없는 곳에 지나치게 공을 들이고 있다고 말이죠. 로커의 미관이 문제가 되는 곳은 표면뿐이며 측면은 녹만 슬지 않으면 되기 때문에 A사는 필요 없는 곳에는 손을 대지 않았더군요. 그런데 우리는 쓸데없는 일에 품을 들이고 있으니 원가의식이 좀 더 철저해야겠다고 말했습니다."

나는 터져 나올 것 같은 웃음을 참느라고 애를 먹었다.

이런 일도 가끔 있기 마련이다. 단순히 관점의 차이라고만 말할 수는 없다. 경영자라면 모름지기 확고한 주관을 갖고 있어야 할 것이다.

BACK

지나친 목적

TO THE

Excessive Purpose

BASICS

일의 목적을 이루기 위해 세부적인 사항을 챙기는 것은 좋지만 지나치게 세심해지면 안 한 것만 못한 결과가 나올 수 있다. 또한 완벽함에 대한 집착 역시 마찬가지다. 과다한 시간과 돈을 들여 단가만 높인다면 기업의 생산성은 오히려 하락할 뿐이다. 목적을 추구하는 것도 좋지만 인력이나 금전을 낭비하는 잘못은 저지르지 말아야 한다. 가장 경제적이고 효율적으로 해결할 수 있는 마지노선을 확인하라. 지나친 것은 늘 모자란 것보다 못하며 목적을 추구하는 일 역시 마찬가지다.

지나친 청소

개선에 불가능은 없다 _____

어떤 제약회사에서 2년에 걸쳐 간접부문의 합리화를 강력하게 추진했다. 영업부문만이 아니라 공장의 간접부문에 이르는 철저한 의식개혁 덕에 나중에는 관리부문의 인원을 30% 정도까지 줄일 수 있었다.

"아직도 더 줄일 여지가 있습니다. 현재 저희 회사에는 공장내 청소나 사무실 청소, 조경 미화를 맡고 계신 분들이 22명이나 되는데 이번에는 이분들의 인건비절감 문제를 다뤘으면 합니다."

서무과장이 이렇게 요청했다.

'공장이 넓긴 넓구나. 청소근로자가 22명이나 되는 걸 보면.'

나는 곧바로 이 문제를 다루기로 했다. 우선 청소업무의 범위와 내용을 철저하게 조사했다. 특별한 일이 없는 이상 아침부터 저녁까지의 일정은 매일 틀에 박힌 일의 반복이었다. 아침 8시부터 9시까지 화장실 청소, 9시부터 10시까지 복도 청소, 10시부터

11시까지 현관 청소… 이런 식으로 작업시간과 담당구역이 정해져 있어서 담당자들이 시간표대로 작업을 하고 나면 하루 일과가 끝나게 되어 있었다.

조사를 맡았던 서무계의 직원은 나에게 인원감축이 어려울 것이라고 보고했다.

"철저하게 조사를 해봤는데 이분들의 할일이 굉장히 많더군요. 온종일 부지런히 일하고 계셔서 도저히 인원을 줄일 수 없을 것 같은데요."

그렇지만 나는 개선에 절대 불가능이란 없다는 신념을 갖고 있다. 어떤 방법으로든 개선할 여지란 있다. 예를 들자면 날마다 1시간씩 복도청소를 하기보단 차라리 복도에 양탄자를 까는 편이 낫지 않을까. 그럼 청소를 할 이유가 거의 사라질 것이다. 앞으로 계속 오를 인건비를 감안하면 조기 투자, 즉 양탄자 구입에 들어가는 돈이 날마다 해야 하는 청소 작업에 들어가는 인건비보다 더 저렴하게 먹힐 수도 있을 것이다. 그렇다면 목돈을 들여서라도 양탄자를 까는 편이 더 유리할 것이다.

'매일', '규칙적으로'의 함정 _____

청소근로자 중 12명은 건물 내부가 아니라 구내의 도로, 정원의 잔디밭을 맡고 있었다. 각 공장 사이의 도로는 차량들이 끊임없이 오가기 때문에 청소를 자주 할 필요가 있다. 하지만 정원의 잔디밭은 매일 청소할 필요가 없을 듯해서 서무계 직원에게 물었다.

"매일 정원의 잔디를 깎고 잡초를 뽑더군요. 이 작업을 사흘에 한 번, 또는 일주일에 한 번만 한다면 품을 덜 수 있을 것 같은데, 어떻습니까?"

"그렇지만 청소나 정원 손질은 매일 규칙적으로 해야 하지 않을까요? 그렇지 않으면 아무래도 지저분해질 것 같습니다."

이렇게 말하는 그의 옷차림을 보니 근무복 역시 깨끗한 것이, 새로 갈아입은 듯했다.

"정원이 지저분해지는 것을 막고 깨끗하게 보이게 하는 것이 작업의 목적이라면 여기저기 휴지통을 마련해 두면 어떨까요. 쓰레기가 떨어져 있으면 그걸 본 아무나 그때그때 주워 휴지통에 넣게 하는 거죠. 그럼 목적이 충분히 달성되지 않을까요? 그리고 별로 눈에 띄지도 않는 잡초는 사흘쯤 내버려 두더라도 그렇게 보기 흉하진 않을 것 같은데요?"

그럼에도 그는 여전히 생각을 바꾸지 않았다.

"네. 그렇지만 매일 하는 편이 깨끗하기야 하겠지요."

"그럼 사무실이나 공장 내부를 맡은 사람은 날마다 창을 닦습니까?"

"그렇진 않습니다."

"그건 왜 그렇지요? 창문 유리도 매일 닦아야만 깨끗하고 보기 좋지 않은가요?"

"이 근처는 매연도 없고 워낙 공기가 깨끗해서 매일 닦지 않아도 그렇게까지 더러워지진 않으니까요."

"그렇다면 정원도 마찬가지 아닐까요? 당신 말대로 날마다 할 때와 사흘에 한 번 하는 것의 차이를 한번 시험해 보죠."

이런 연유로 사흘 동안 정원 손질을 중지시켰다. 나흘째 되는 날 정원 손질이 시작되기 직전에, 총무부장과 다른 사람들을 모두 부르고 서무계 직원에게 물었다.

"정원을 한번 봐주세요. 잔디밭의 상태가 어때 보입니까?"

"잔디밭은 언제 봐도 눈이 시원해지는 기분이지요. 눈이 피로했을 때 저 푸른 잔디를 보면 마음까지도 시원해진답니다."

다른 사람들의 의견도 모두 동일했다. 그들 중 어느 한 명도 사흘 동안 청소 작업을 중지했다는 사실을 알아차리지 못했다. 내가 질문한 경위를 설명하자 그제야 모든 사람들이 청소 일정을 변경할 수 있음을 인정했다.

그 후 정원청소담당을 4명으로 줄이고 사흘에 한 번씩만 정원을 손질하도록 했다. 꼭 필요하다고 생각해온 일이 실상은 과한 경우일 때가 종종 있다. 불필요한 일에 품을 들이고 돈까지 들이는 일은 이런 사례 이외에도 상당히 많지 않을까?

5톤 트럭은 5톤만

자동차 회사가 부른 5톤 트럭 과적 사고 _____

끔찍한 교통사고 소식이 매스컴을 통해서 보도될 때마다 '사고 방지를 미리 할 수는 없었을까?' 하는 안타까운 마음이 든다.

언젠가 다음과 같은 사고가 언론에 보도됐다. 5톤 트럭이 원목을 가득 싣고 가다가 커브길에서 로프가 끊어지면서 싣고 있던 원목이 굴러 떨어졌다. 때마침 근처 길을 걸어가던 어린 학생 3명 중 한 명이 그 자리에서 즉사하고 2명은 중상을 입었다.

모든 신문이 큼직한 활자로 사건을 보도하면서 일제히 운전 기사를 비난했다. 이유인즉슨 그 운전기사는 5톤 트럭에 10톤의 원목을 실어 5톤이나 과적을 했다는 것이다. 그러니 사고가 나는 게 당연하고, 과실치사 정도로 가볍게 다룰 문제가 아니라는 논조였다. 그 신문을 들고 내가 회사에 출근한 날, 모든 사원들도 이 사고에 대해 얘기하고 있었다. 사원들은 모두 운전기사의 과실만을 들먹이며 이런 끔찍한 사고를 내고도 보험으로만 처리한다는 것은 말도 안 된다고 얘기했다.

나는 그 당시 '물론 운전기사의 과실이긴 하지만 진정한 원인은 그 트럭을 생산·출고한 자동차 회사 경영자의 의식에 있지 않을까' 생각했다. 이틀 후 나는 어떤 자동차 회사에 가서 강연회를 하게 될 예정이었다. 그래서 회사의 개선문제와 이어지는 적절한 사례로 이 사고 이야기를 다뤄 보기로 했다.

"여러분은 그저께 일어났던 원목수송차량의 끔찍한 사고를 잘 알고 계실 겁니다. 이 사고의 원인이 어디에 있었다고 보십니까?"

어느 누구도 대답을 하지 않았다.

"운전기사의 운전이 서툴렀다거나 컨디션이 난조였기 때문이라고는 생각하지 않으실 겁니다. 그렇다면 이 사고의 책임은 도대체 누가 져야 하겠습니까? 아마도 여러분은 과적이나, 적재물을 단단히 묶지 않았기 때문에, 혹은 안전점검이 소홀했기 때문이라고 생각하시겠지요. 그렇지만 저는 그 사고의 본질적인 원인은 여기 모이신 여러분에게 있다고 봅니다."

이렇게 말하자 강연장에 모인 사람 모두가 흠칫 놀랐다.

"그렇다고 여러분에게 이 사고에 책임을 지라는 말은 아닙니다. 단지 여러분이 대형트럭 등을 생산해서 판매할 때의 사고방식에 문제가 있다고 말하고 싶은 겁니다. 트럭의 차체는 해마다 견고하고 강력해져서 5톤 차에 10톤을 싣고 달리더라도 끄떡도 하지 않습니다. 그렇다면 어째서 10톤도 실을 수 있는 트럭에 5톤 차라고 이름 붙여 판매하고 계십니까? 트럭에 몇 톤을 실었는지 계량할 수 있는 저울을 설치한 운송회사는 드뭅니다. 또 설령 있다 하더라도 일일이 무게를 달아보지는 않을 겁니다. 그러니 일단 실을 수 있는 데까지 실어 놓고 달리게 되는 거죠. 실제로 상당한 과적을 하더라도 트럭에는 별로 지장이 없는 판이니 과적이란 어찌 보면 당연한 일입니다. 그러고 보면 문제는 5톤 차에 5톤, 10톤차에 10톤 밖에 실을 수 없어야 하는데도 실제로는 5톤 차에 10톤도 실을 수 있다는 점에 있는 겁니다."

지나친 경쟁이 부른 과욕

강연을 끝내고 질의응답 시간에 트럭의 설계를 담당하고 있는 분이 이런 발언을 했다.

"전에는 저희들도 5톤 차는 안전계수를 고려해서 최고로 실어도 6~7톤 정도까지만 가능하도록 설계했습니다. 하지만 다른 회사에서는 5톤 차로 8톤까지 실을 수 있도록 했습니다. 우리도 물러설 수 없어서 8톤 이상도 실을 수 있게 하니까 다른 회사는 또 10톤도 실을 수 있게 만들고. 그러다 보니 트럭이 끝없이 견고해지게 된 것입니다. 저희 회사만 5톤 차에 5톤만 싣도록 설계했다가는 도저히 이 세계에서 살아남지 못할 겁니다."

설계기사는 얼굴을 붉혀가며 흥분해서 말했다. 그러나 나도 할 말은 있었다.

"그렇다면 한마디 묻겠습니다. 엘리베이터를 보십시오. 제한 중량 1톤의 엘리베이터 경우에, 1톤 이상 중량이 초과 되더라도 추락하지는 않지만 안전을 위해서 경보장치가 울리고 가동이 되지 않습니다. '자, 여러분. 중량초과니까 어느 분이든 좀 내려 주세요' 하면서 1톤 이하의 중량이 될 때까지 문이 닫히지 않습니다. 이런 식의 정직하고 양심적인 트럭을 제작할 수는 없는 겁니까? 예컨대 5톤 트럭에 5톤 이상 과적이 되면 부저가 울리고 엔진의 시동이 걸리지 않는 식의 설계가 결코 불가능할 리는 없지 않습니까? 운전기사도 자기 목숨은 아까울 겁니다. 제한중량을 초과하면 경보가 울리는데 그래도 운전기사가 차를 몰고 떠나려 할까요? 그렇게 하다가는 순찰차에 잡힐 게 뻔하고요. 당신은 경쟁회사와 겨룰 생각밖에 안 하는데 그러다 보면 자동차의 안전대책은 어떻게 되는 겁니까? 여기 모이신 여러분 모두 심각하게 생각해 봐야 할 문제입니다. 여러분께서 여전히 동의할 수 없다면 이렇게 하는 것은 어떨까요? 트럭에 싣는 짐은 부피는 작지만 무게가 나가는 것, 무게는 안 나가지만 부피는 많이 차지하는 것, 이렇게 두 가지가 있겠지요? 그렇다면 5톤 차를 두 가지 형태로 만드는 거예요. 한 쪽은 10톤까지 실을 수 있는 5톤차로 만들어서 대당 250만 엔, 또 하나는 5톤만 실을 수 있는 5톤 차로 해서 180만 엔. 이렇게 하면 어떻습니까?"

그러자 여기저기서 웃는 소리가 들렸다. 설계기사는 쑥스러웠던지 고개를 숙였다.

수세식 화장실

완전히 알고 나서 일을 시작하라 _____

광고선전을 맡고 있는 어떤 회사를 우연히 방문한 적이 있는데 그 회사의 관리가 생각보다 철두철미하고, 일하는 사원들도 활기가 넘치는 것을 보며 놀란 적이 있다. 어느 회사든 대개 사시(社是)라는 것이 있는데 그 회사의 사시는 단 한 줄이다.

〈완전히 알고 나서 일을 시작하고 완전히 이해할 때까지 상사에게 물어보라.〉

단지 이것뿐이다. 나는 이 사시에 대해 사장과 이야기했다.

"굉장히 난폭한 사시인 것 같은데, 이렇게 하는 것도 한 가지 방법이겠군요."

"저희 회사를 찾아 주신 분들은 누구나 그렇게 말씀하시지만 실상 일의 기본이란 이 말 한마디로 끝나는 것 아니겠습니까? 저는 일단 직원이 자신의 일을 완전히 이해했다면 그 일은 철저히 직원에게 맡겨 버리고 아무런 간섭도 하지 않습니다. 이런 정신은 창업 이래 지금까지 조금도 변하지 않았습니다."

"요컨대 '일은 책임지고 완전히 이해한 후 실행하라', 이거군요?"

"네, 바로 그겁니다. 이건 여담이지만 저희 회사는 직원이 일을 다섯 시간 만에 완전히 끝냈을 경우 곧바로 퇴근하더라도 아무 말 안 하지요."

그 사장은 패기 넘치는 얼굴 가득 자신만만한 미소를 띠었다. 나는 '하긴 그렇지. 이 말 역시 일을 할 때는 그 목적을 잘 알고 하라는 의미니까'라며 감탄했다.

목적을 분명히 알게 되면 그때는 정해진 순서대로 일을 하기보단 좀 더 창의적이고 능률적으로 일하려고 머리를 쓰게 된다. 좀처럼 쉬운 일은 아니지만 실수도 줄어들고 작업 속도도 올릴 수 있다.

화장실에 가는 이유는 변기 감상 때문이 아니다 _____

이 이야기를 어떤 친구에게 말했더니 친구는 완전히 대조적인 이야기를 들려줬다.

조선업 분야의 합리화 문제를 다루고 있는 그 친구는 우선 원가절감을 더욱 합리적으로 추진하기 위해 배의 어느 부분에 코스트가 가장 많이 들어가고 있는지 조사할 필요를 느꼈다. 거주구 (Resident Area)일까, 기관실(Engine Room)일까, 아니면 선각(Ship Hull)일까? 조사를 해나가다 보니 뜻밖에도 거주구에 상당히 많은 코스트가 들어가고 있음이 밝혀졌다. 그리고 그중에서도 화장실 부분에 들어가는 비용이 많았다. 그래서 친구는 '이건 거의 건설업의 경우와 같군' 생각하면서 화장실의 스펙을 검토하다가 다음과 같은 사실을 알게 됐다.

이 배에는 100개의 수세식 변기가 설치되어 있는데 그 변기는 설계기사의 지정에 의해 특정 회사의 1급품만을 사용하도록 되어있었다. 개당 2만5천 엔이나 하는 제품이었다.

'1급품을 100개만 구입해도 당장 250만 엔이나 하는데 2급품으로 낮춰야 되는 게 아닌가?'

이렇게 생각한 그는 즉시 설계담당자를 불러 이야기했다.

"이 1급품을 2급품으로 바꿀 수는 없을까요? 2급품이면 개당 2만 엔이니까 전체 합계금액에서 50만 엔의 원가절감이 가능할 겁니다."

"배의 총공사비가 몇 십억 엔인 판에 고작 50만 엔 정도를 절약하겠다고 시원찮은 2급품을 쓸 수는 없어요."

"음, 이해할 수가 없네요. 2급품과 1급품이 어떤 점에서 차이가 나는지 아십니까?"

"2급품은 보나마나 어딘가 흠이 있겠지요."

"아니, 그렇지는 않습니다. 흠이 있다니 말도 안 됩니다. 도기

제품의 1급품이라는 것은 전체 길이가 $65cm \pm 2m/m$ 이라든가 전체적 외관으로 봤을 때 조금도 일그러진 곳이 없는 걸 말합니다. 2급품이란 것은 치수가 조금 크거나, 혹은 작거나, 규격에서 벗어나서 살짝 변형된 것을 말하는 거예요. 2급품을 금이 갔거나 흠집이 있는 조악한 불량품과 혼동하고 계신 건 아닙니까?"

"그렇지만 치수가 안 맞거나 비뚤어진 도기는 쓸 수 없는 것 아닌가요? 좌우지간 싼 게 비지떡인데, 그런 걸로 대충 때워버리면 배의 꼴이 뭐가 됩니까?"

설계기사는 친구의 의견을 받아들이려 하지 않았다. 하지만 내 친구도 만만한 상대는 아니었다.

"여전히 못 알아들으시는군요. 변기 100개를 한 줄로 늘어놓고 저 32번째 변기는 옆에서 볼 때 약간 안으로 들어간 것 같으니까 불량품이라든가, 그 옆의 옆의 것은 몇 센티미터가 더 크니까 반품시키자고 하는 사람은 없지 않겠습니까? 변기는 하나하나 독립공간에 설치하는 것이니 다른 변기와 비교평가할 필요가 없지 않아요? 그리고 사람이 용변을 볼 경우를 생각해 보세요. 대체 어느 누가 변기를 이리저리 뜯어보면서 '이건 길이가 좀 길군' 트집 잡습니까? 더구나 변기를 설치할 때 시멘트를 발라버리고 나면 변기 크기가 어떻든 간에 1급품이든 2급품이든 같은 시간에 설치 작업을 끝낼 수 있습니다."

이렇게까지 말하자 그 고집 센 설계기사의 기도 한풀 꺾였다.

"허허 참, 하긴 변기란 1급품이든 2급품이든 물만 잘 빠지면 상관없겠죠. 그럼 당장 2급품으로 바꾸겠습니다. 허 참, 나는 변기 감상을 하려는 게 아니니까요."

돌아서는 설계기사의 뒷모습을 보면서 친구는 '이렇게 간단한 이치를 어째서 계속 설명해야 하는 걸까?' 생각했다고 한다.

보기 좋은 담

빛 좋은 개살구 인생 _____

VIP를 대상으로 값비싼 맞춤양복만을 만드는 고급신사복 전문점
이 있었다. 가봉을 할 땐 고객의 스타일에 맞춰 양복점 주인 역시
멋진 차림을 하고 고객에게 직접 찾아가 가봉을 해줬다. 그런데
갑자기 양복점 주인이 세상을 떠나자 뒤를 이을 사람이 없어서
그의 유족들은 남에게 양복점을 넘기고 고향으로 떠났다.

10여 년이 지나서 대학을 졸업한 그의 아들은 어느 무역회사
에 취직했다. 그러나 그는 어린 시절, 아버지가 최고급 양복을 차
려입고 운전기사가 딸린 자가용 승용차로 일류 고객을 찾아가던
모습이 눈에 선했다. 그래서 언젠가는 무역회사 샐러리맨을 그만
두고 아버지가 하시던 일을 잇겠다는 꿈을 꿨다. 그러자니 복장
에 대한 세련된 센스를 가져야겠기에 쥐꼬리만한 봉급을 털다시
피 해서 최고급 양복점에서 최고급 양복만을 맞춰 입었다. 머리
끝부터 발끝까지 모든 것이 완벽해야 한다는 생각에 셔츠며 넥타

이, 양말, 구두에 이르기까지 그의 차림은 모두가 최고급이었다.

이렇게 되자 상사와 동료도 그의 옷차림을 인정했고 여직원들은 그의 스타일을 대화의 화제로 삼았다. 그는 단벌신사라는 소리를 듣지 않기 위해 봉급의 대부분을 옷값에 쏟아 부었다. 그러다보니 자연스레 식생활에 소홀해져 차츰 영양실조 상태에 빠졌다.

마침내 병이 든 그는 쇠약한 몸을 회복하기 위해 영양가 있는 식사를 하지 않을 수 없었고 치료비와 식비를 충당하기 위해 그 많던 고급 양복은 모조리 전당포로 사라졌다.

반년 후 건강을 회복한 그가 다시 회사에 출근했을 때 동료사원들과 여직원들은 모두 깜짝 놀랐다. 창백하던 얼굴은 혈기가 넘치고 건강해보였지만, 그가 걸치고 있는 옷이 너무 후줄근했기 때문이다.

이런 사례는 목적 실현의 순서를 잘못 잡은 데서 오는 희비극이라고 하겠다. 아무리 목적이 분명하다고 하더라도 달성하는 방법이 잘못되면 생명마저 위태로워질 수 있다.

회사의 품위를 위해 담장까지 1등급?

이러한 사례는 이 밖에도 여럿 있다.

한 회사가 공해 대책의 일환으로 지방 도시로 터를 옮겼다. 도시라고는 하지만 교외였기 때문에 주위는 모두가 논밭이었다. 우선 공장건물이 새로 들어섰고 주위에는 가시철조망을 둘러쳤는데 계속 가시철조망 상태로 지낼 순 없어서 첫해 예산으로 담을 전체의 반만 쌓기로 했다. 이를 위한 예산을 심의 및 검토할 때 앞서 말한 수세식 화장실 에피소드처럼 이 회사도 시멘트 블록을 1급품으로만 선정하려고 했다. 시멘트 블록은 수세식 변기와는 달리 2급품의 경우 표면이 매끄럽지 않고 모서리가 부서진 것도 많이 섞이기 마련이다. 이 회사의 총무과장은 다음과 같이 내게 설명했다.

"신축건물인데 담도 이왕이면 보기 좋게 해야지, 2급품을 썼다가 괜히 너절한 인상을 주면 회사의 품위와 신용에 지장이 있을 겁니다. 물론 2급품을 쓰게 되면 금년에 모두 쌓을 수도 있지만 1급품을 써야 하니까 우선 반만 쌓으려는 겁니다."

그래서 나는 이렇게 이야기했다.

"과장님, 이 회사 건물에서 담을 쌓을 경계선까지는 대체로 한 50미터쯤 떨어져 있지 않습니까? 그 주위에 잔디가 깔려 있고 꽃밭과 나무들이 산울타리처럼 두르고 있어 매우 보기 좋은데요. 거기에 1급품 블록담을 쌓았을 때 사원들이 일부러 담 밑에까지 가서 "와, 우리 회사 담은 역시 1급품 블록을 써서 아름답군" 칭찬할까요? 담 쌓을 자리를 따라 뻗은 길은 비포장도로여서 비라도 내리면 흙탕물이 튈 텐데요. 1급품이어도 그건 어쩔 수 없는 부분입니다. 그렇게 되더라도 지나다니는 사람이 1급품인지 2급품인지 알아볼 수 있을까요? 담이란 것은 담 안이 들여다보이지 않게 하려고 쌓는 것이고, 혹시라도 도둑이 들어올까 싶어 쌓는 것이잖습니까. 이런 일에 들일 돈이 있으면 좀 더 가치 있는 일에 투자하는 편이 좋지 않겠어요?"

내 말을 들은 모두가 대번에 찬성했다.

더 깊이 생각해보면, 시멘트로 담을 쌓는 것보단 차라리 해를 거듭할수록 가치가 높아지는 상록수의 산울타리로 가시철조망을 가려 놓는 편이 보기에도 좋고 생산적이지 않을까?

아아, 포장지여

판매점의 진열 상태별로 구분한 포장용지 _____

제과회사에서 어린이용 과자의 포장개선을 맡은 적이 있다. 그때 흥미로운 사실 한 가지를 발견했다. 아이가 과자를 사러 와서 '저 과자 사먹어야지!' 마음먹게끔 하기 위해 제과회사는 모든 과자를 원색 포장지로 포장하고, 좀 비싼 과자는 야구선수라든가 괴물 그림이 원색으로 인쇄된 종이상자에 담는다. 이런 포장법이 과자를 더 많이 팔기 위한 판매전략이라고 한다. 예전처럼 커다란 유리상자에 과자를 낱개로 담으면 아이들이 과자를 1개씩만 사가지만 10개, 12개를 한 종이상자에 포장해서 팔면 한 번에 많은 양의 과자를 살 수밖에 없다.

이밖에도 소매용 포장이라는 건 진열 중의 품질 저하를 막는 역할도 있고 소비자의 눈을 끌기 위한 목적, 브랜드를 익히게 하려는 목적도 있어서 구매형태에 따라 다양하게 나뉜다.

내가 봤을 때 문제는 이런 소매용 포장이 아니라 출고·수송용의 대량 포장용기다. 골판지 혹은 판지로 만든 대량 포장용기에도 컬러풀한 멋진 포장 디자인이 인쇄되어 있다.

이런 상자들은 슈퍼나 식품점 등에 바로 놓고 진열되는 게 아니다. 상점 주인들은 상자를 뜯고 그 안에 들어있던 상품들을 진열대에 놓는다. 그럼 이 큰 상자들의 최후는 무엇이겠는가? 마구 뜯긴 채로 휴지통에 들어가거나 그 주위에 버려진다.

이 사실을 알게 된 제과회사는 대량 포장용기를 휴지통에 버리는 판매점과 상자채로 상점에 진열하고 상품을 파는 판매점을 구분해나갔다. 즉 수송용 상자와 전시 겸용 상자를 구분한 것이다. 그리고 수송용 상자에는 상품명과 수량만 인쇄하고, 전시를 겸하는 상자에는 기존처럼 근사한 디자인을 함으로써 상당한 원가절감을 실현했다.

지나친 포장은 소비자에게 되돌아온다 _____

이런 일은 요즘 상식이라고 말하지만, 예전에는 도가 지나친 포장이 굉장히 많았다. 예컨대 비누 포장에 대해 말해보자. 비누 하나하나가 낱개로 종이에 싸여 있고 그것들을 몇 개 모아 종이상자에 담는다. 이 종이상자를 5개, 10개, 혹은 12개씩 모아 골판지상자에 담는다. 백화점은 납품을 골판지상자 단위로 받는데, 일일이 이 골판지상자를 뜯고 5~12개의 종이상자들을 꺼낸 뒤, 그 안에 든 작은 종이상자를 꺼낸다. 그리고 이것을 백화점 전용 포장지로 깨끗이 싼다. 이대로 끝인가? 아니, 고객에게 건넬 땐 이것을 쇼핑백에 넣어서 건넨다. 소비자들은 겨우 비누 몇 개를 구입하지만, 그에 맞먹는 불필요한 포장비를 물어주고 있는 셈이다.

이런 일은 사실 모든 업계에서 벌어지고 있는 일이다. 베어링 제조업계의 경우, 베어링 하나하나를 기름종이에 포장해서 다시 비닐봉지에 담고 또 다시 종이상자에 넣은 다음 12개들이 상자에 넣어 마지막에는 골판지상자에 또 담아 발송한다. 이 베어링을 구입한 회사는 필요한 베어링을 꺼내기까지 무려 다섯 겹의 포장을 뜯어야 한다. 포장할 때도 쓸데없는 품이 들고, 뜯을 때도 품이 들고, 그 뜯어낸 포장지를 버릴 때도 품이 들고, 심지어는 이 포장지들을 소각, 폐기처분하는 과정에서 공해도 생긴다. 포장의 목적에서 한참 벗어난 이런 행동들은 생산자, 소비자, 사회 모두에 피해를 입히고 하늘을 나는 새에게까지 피해를 준다.

생산성 향상의 함정

15%에서 멈춘 개선운동 ───────

작업관리개선운동을 3년 동안 강력하게 추진한 회사가 있었다.

이 회사는 우선 대책위원회와 추진회를 발족시켜 생산성향상을 가로막는 '시간 낭비' 추방에 나섰다.

여기서 말하는 시간 낭비에는 꽤 많은 작업들이 포함돼있다. 재료대기, 외주구매부품대기, 공정대기, 준비작업 대기, 작업지시 대기, 운반대기, 기계고장에 따른 작업대기, 공구의 손질, 설비기계의 보전, 공장 내 재료와 부품의 정리 정돈, 작업시간내의 안전 활동, 후생활동, 작업준비, 재료 부품운반의 지연에 따른 간접적인 시간 등.

이밖에도 표준규격의 재료와 부품이 공급되지 않았다거나 공구가 수리 중이라 제때 사용할 수 없었거나 기계가 일시적으로 오작동을 일으켜 평소보다 작업시간이 길게 걸렸다든가 등등도 포함돼있다.

회사는 수많은 문제점들을 해결하기 위해 특별프로젝트팀을 편성했다. 이 특별프로젝트팀은 분석, 조사, 검토를 통해 개선의 노력을 거듭했고, 그 결과 총 손실시간을 15%까지 감소할 수 있었다.

그런데 여기에서 한 가지 생각해봐야 할 문제점이 있었다. 전에 비해 전표의 종류가 확 늘어난 바람에 이를 기입하는 사무직, 작업장, 작업자들의 사무처리 시간이 증가한 것이다. 전체적으로 봤을 땐 이 시간들도 결단코 무시할 수 없었다.

역시나, 6개월 전까진 손실시간이 급격하게 감소했지만 그 이후로는 15%에서 제자리걸음만 할 뿐 전혀 성과가 나타나지 않았다.

회사는 '할 수 있는 데까지 노력해 보자!'라는 각오로 더욱 강력하게 운동을 추진했고, 동시에 사무처리에 대한 대책을 세우기 위해 여러 차례 회의를 거듭했다. 그 결과 사무처리 능률 향상을 위해 수작업 대신 컴퓨터계산으로 바꾸자는 제안이 나왔다.

그 단계에서 나에게 컨설팅 의뢰를 한 것이다. 나는 곧바로 이 운동의 진행상황과 성과를 조사했고, 무엇이 문제인지 쉽게 파악할 수 있었다.

과잉관리는 오히려 손해 ───────

현명한 독자는 이미 나와 같은 생각을 하고 있을 것이다. 본래 '작업관리개선운동'이라는 것은 공장의 전체손실 시간이 10~15%까지만 감소돼도 이미 성공을 거뒀다고 할 수 있다. 그 이상의 노력은 필요가 없다는 것이 기업의 일반적인 상식이다. 이 수준에서 더욱더 감소하려고 욕심을 내다가는 오히려 관리비가 늘어나서 과잉관리(Over Control)가 되는 것인데 바로 이 회사의 경우가 그랬다.

나는 회사에 이렇게 얘기했다.

"매월 막대한 경비를 들여서 데이터 수집을 하고 대책을 세워도 별로 성과가 오르지 않는 건 어쩔 수 없는 일입니다. 직원들의 노력이 부족한 게 아닙니다. 이 운동이 이제 한계에 다다랐기 때문입니다. 사람이 하는 일에선 로스타임이 늘 조금씩 있기 마련입니다. 따라서 아무리 컴퓨터를 동원해 노력해도 그 작업을 사람이 하기 때문에 결과는 별로 달라지지 않을 겁니다."

이 말을 듣고 있던 회사의 간부들이 얼마간 술렁거렸다.

"여러분, 이 운동은 이쯤에서 끝내시고 그 대신 생산성 향상을 위한 다른 방법을 생각하시는 게 어떻겠습니까? 그렇다고 운동을 당장 중지하면 예전의 좋지 않은 상태로 돌아갈 테니, 이런 식으로 하면 어떨까요? 즉 반년에 한 번이라든가 1년에 한 번, 특정한 달을 정해서 그 한 달 동안만 로스타임을 얼마나 줄였는지 확인해보는 겁니다. 결과가 여전히 15% 선이라면 그것으로 만족하고 중단하는 거죠. 또 1년 후 어떤 달에 똑같은 조사를 해서 상황이 악화돼 있으면 손실이 많은 항목에 대해서만 중점적으로 개선활동을 하면 됩니다. 이렇게 정기적으로 체크하면 개선운동의 목적은 충분히 달성될 것이라고 보는데 어떻습니까? 굳이 날마다 골머리 썩이면서 고생할 필요는 없다고 봅니다. 여러분은 처음 이 개선운동을 하려던 목적 자체를 잊어버린 건 아닐까요?"

이렇게 말하자 대다수의 간부들이 모두 찬성했다.

이 회사에는 '빠르면 빠를수록 좋다'는 사풍이 있어서, 내가 제안한 계획 역시 즉시 실천에 옮겨졌다. 그 뒤로는 새로운 목적을 설정해 다음 단계 운동을 전개해나갈 수 있었다.

시간당 가공비와 다단계 공정

시간에만 집착하는 깐깐한 바이어

정확한 구매코스트 기준을 갖추지 못한 회사는 날마다 엄청난 손실을 보고 있다고 봐도 무방하다. 그래서 나는 구매코스트 기준을 확고하게 정하라고 하는데, 그러면 "선생님, 저희도 구매코스트 기준 정도는 있습니다"라고 대답하는 바이어가 적지 않다. 그래서 어떤 기준인지 살펴보면 시간당 가공비를 구매코스트 기준이라고 여기는 경우가 태반이다. 이런 바이어는 물건의 구매가격 그 자체보다도 가공비율의 싸고 비싼 것만을 문제로 삼는, 참으로 딱한 바이어들이다.

"저희 회사가 규정한 가공비 기준은 시간당 500엔에서 550엔이며 이 이상 인정할 수 없습니다."

이런 말을 흔히 듣지만 요즘에는 이렇게 낮은 가공비율로 작업할 수 없을 것이다.

적어도 시간당 800엔은 돼야 할 가공비율을 시간당 550엔에 억지로 묶어놓으면 어떤 현상이 일어날까? 이대로라면 외주가공업이 도산하지 않을 수 없다. 그래서 그들은 가공비율이 깎이면, 필요한 가격을 유지하기 위해 시간을 많이 늘려서 견적을 작성한다. 이 견적을 보고 바이어도 가만히 있지 않는다. 저 밑에서 시어머니 근성이 피어오른다.

"아니, 이 절삭가공이 어떻게 한 시간이나 걸린단 말입니까?"

"실제로 그렇게 걸립니다."

"말도 안 되는 소리 마세요. 한 시간이나 깎아대면 그림자도 남지 않을 거요."

"…"

"그리고 이 조립은 얼마나 걸리나요?"

"10분 정도 걸립니다."

"겨우 나사 4개를 조이는 것뿐인 조립입니다. 4개에 10분이라면 한 개에 2분 30초가 걸리겠지요. 제가 지금 실제로 이 작업을 해볼 테니 시간을 측정해주시죠."

바이어는 자기가 직접 나사를 하나 죄어본다.

"자, 몇 분 걸렸습니까?"

"12초니까 0.2분입니다."

"그것 보세요! 나머지 2, 3분은 어떻게 한다는 겁니까? 여기에서 더 조이다간 나사가 부러지고 말겁니다! 저는 그런 불량품을 납품해달라고 한 기억이 없어요."

"…"

이쯤 되면 엉망진창이다. 깎아놓은 가공비를 충당하느라 시간 핑계를 대면 그것 역시 꼼짝 못하게 막아버린다. 외주담당자는 몹시 화가 나지만 어떻게 해서라도 그 압력에서 벗어나려고 필사적이 된다.

"선생님, 모 회사에서 언제나 이런 식으로 밀어붙여서 죽을 지경인데 무슨 좋은 방법이 없을까요?"

나는 이런 하소연을 자주 듣는다. 그래서 본의는 아니지만 다음과 같은 방법을 일러준다.

"그런 바이어 얘기는 가끔 듣는데, 그럴 땐 이런 수법을 쓰면 어떨까요? 제일 좋은 방법은 바이어의 결점을 이용하는 겁니다. 바이어는 시간당 가공비율이나 간단한 부품의 가공작업시간에 대해서는 대체로 어느 정도라는 걸 알고 있지만 그게 어떤 공정으로 만들어지는지는 잘 모릅니다. 그러니까 가공공정을 늘리면 되는 겁니다."

"하하하, 그래요? 그런데 어떻게 늘리면 됩니까?"

"예를 들면 본래 굽힘 가공을 할 때 1공정이면 되는 것을 한 번 구부리고 다시 또 고쳐 구부리고 각도 교정, 각도 점검 따위로 잇따라 공정수를 늘려서 견적을 내면 되지요. 바이어는 가공 비율과 시간을 검토하고 나서 가공비율과 가공시간은 문제가 없지만 공정수가 너무 많다고 따져 물을 겁니다. 그러면 "네, 하지만 이 제품은 굉장히 정밀도가 높고 품질관리상의 문제도 여러 가지

지시를 받고 있어서 당사가 그 품질수준을 유지하려면 그렇게 공정수가 늘어납니다"라고 그럴듯하게 대답하면 되는 겁니다. 그렇게 자세한 것까진 바이어도 잘 모르기 때문에 그럴지도 모르겠다고 생각하고 견적에 수긍하게 될 겁니다. 그러면 결국 바이어는 싸게 사는 게 아니라 오히려 비싼 제품을 사게 되는 거지요. 다음에 새 주문이 오면 이 수법을 한번 써보시면 어떨까요?"

보이지 않는 배선

보이지 않는 부분까지 완벽해야 최고급? _____

근세일본의 번영기에는 귀족이나 무사계급보다도 오히려 서민들이 상공업으로 큰돈을 벌었다. 서민들은 생활이 풍족해지기는 했지만 겉으로 드러내놓고 사치를 하기는 꺼림칙했기에 눈에 보이지 않는 곳에 돈을 들였다고 한다. 예컨대 옷의 안감에 명주를 받치고 겉은 무명으로 짓는다거나 나무로 깎은 밥그릇에 옻칠을 하고 굽 아래에 아름다운 무늬를 박는다거나 하는 별의별 웃기는 일이 많이 있었다.

그러나 시대가 변해서 모든 일이 합리적으로 변해가는 요즘에는 지난날과 전혀 다른 방식의 엉뚱한 일이 생기고 있다.

예를 들어 자동차에는 여러 가지 장치라든가 라이트가 달려있다. 이들 장치와 라이트들은 모두 다양한 색상의 비닐 혹은 고무로 피복된 전선으로 연결돼 있다. 물론 이들 배선은 차내 내장 인테리어라든가 보닛 내부에 감춰져 있기 때문에 차를 타고 있는 사람 눈에는 띄지 않는다.

벌써 여러 해 전의 일이지만 자동차의 원가절감에 대해 다방면의 검토를 하게 되었을 때 자동차에 사용되고 있는 전선의 코스트가 예상 외로 비쌌기 때문에 이 부분을 전선의 납품업자에게 물어 본 적이 있다. 그랬더니 이런 이의를 제기하는 것이었다.

"그렇게 비싸다고만 하시니 정말 할 말이 없습니다. 그런데 저희들이 전부터 전선단가를 낮출 수 있는 제안을 여러 차례 했는데 도무지 그 제안을 받아들여 주지 않더란 말입니다."

무슨 이야기인가 싶어 알아봤더니 이 전선들은 납품업자가 자동차의 제너레이터, 라이트 등에 곧바로 연결할 수 있도록 적절한 길이로 끊은 다음, 10여 가닥의 전선을 여러 부분에서 묶는다고 했다. 그런데 이렇게 간단한 작업의 가공비가 왜 그렇게 비싼가 하면 전선을 묶는 간격이 일정하게 정해져 있는데 그 간격이 표준에서 조금만 벗어나도 불량으로 처리되기 때문이란다. 그래서 가공납품업자는 그 간격을 계측하는 게이지를 만들어 하나하나 그 게이지에 맞추면서 일을 한다는 것이다.

만약 이 문제를 이 배선의 어디부터 어디 사이에 몇 곳만 묶으라는 식으로 업자의 자유재량에 맡길 수만 한다면 일일이 게이지에 맞추지 않아도 되니까 작업 속도가 빨라져서 가공비는 반으로 줄어들 수 있다고 했다. 나는 곧바로 설계담당자를 불러서 이 간격을 지정하는 목적이 무엇인지 물었다. 그러자 그는 "품질의 균일화를 위해서입니다"라고 대답했다.

"그렇다면 다시 묻겠습니다. 품질의 균일화라는 것은 전선의 품질이 아니라 전선이 묶인 상태의 균일함을 말하는 모양인데 그렇다면 겉보기에 좋아야 한다는 말 아닙니까? 그런데 그것도 말이 되지 않아요. 아니, 차를 타는 사람이 일부러 보닛을 열어보거나 내부를 뜯어서 줄이 묶인 간격이 일정한지 아닌지 살펴본단 말입니까? 또 그 간격이 일정하지 않다고 해서 결함이 있다며 인수를 거부할까요?"

"그렇지만 아무래도 일정한 편이 좋지 않겠습니까?"

나는 고집이 세고 머리가 굳은 설계기사를 설득하느라고 상당히 애를 먹었다. 이 회사의 담당자들은 전선을 묶는 목적이 무엇인지를 여태까지 단 한 번이라도 생각해 본 일이 있었을까?

지나친 완벽 추구가 부른 어처구니없는 실수 _____

이 밖에 또 다음과 같은 일도 있었다. 어떤 TV 부품 전문회사에서 한 작업자가 부품을 들고 하나씩 하나씩 날인을 하고 있었다. 그런데 자세히 보니 날인한 것을 이따금 시너로 깨끗이 닦아 내고 새로 날인을 하는 것이었다. 의아하다는 생각이 들어 그 이유를 묻자 날인이 고르고 뚜렷하게 찍히지 않은 것은 닦아 내고 다시 찍어야 한다고 했다.

그 부품은 고작 개당 10엔짜리이다. 10엔짜리라 하여 날인하지 않아도 된다는 말이 아니다. 그 날인은 부품의 특성을 표시하는 것이기 때문에 반드시 해야 한다. 왜냐하면 외관과 형태는 똑같으면서도 특성이 전혀 다른 부품이 몇 개 있어, 혹 잘못 조립되면 TV 전체가 불량품이 되기 때문이다.

TV의 표면에 찍는 마크는 보기에도 선명하고 깨끗해야 하니까 이 경우에는 조심스럽게 찍어야 한다. 하지만 내부에 들어가는 부품 같은 경우, 기능과 성능만 제대로 발휘되면 그만이지 균일하고 깨끗하게 찍을 필요는 없다. 다른 비슷한 부품과 혼동되는 일만 피하면 된다. 그럼에도 불구하고 어째서 품을 들여 닦아내고 다시 찍는 것일까? 아마도 이렇게 하는 사람들은 자기 집 주방에서 음식을 준비할 때도 최고급 나들이 옷을 입고 요리하려 들지도 모른다.

좌우간 이런 웃기는 일을 어느 기업의 현장이나 사무실에서도 흔히 볼 수 있으니 걱정이다.

돈 버는 선택, 손해 보는 선택

토지와 다이아몬드와 에메랄드 _____

내가 아는 한 사람은 보석 수집에 취미가 있어서 많은 보석을 수집하고 있었는데 최근 공장을 증개축하기 위한 토지가 필요하게 되었다. 그래서 공장 바로 옆의 토지를 소유한 친구에게 다음과 같이 제안했다고 한다.

"당신이 탐을 내고 있던 내 보석 중에 에메랄드, 다이아몬드, 비취 중 한 개를 줄 테니 당신이 소유한 토지와 교환합시다."

보석의 시가는 에메랄드가 250만 엔, 다이아몬드가 200만 엔, 비취가 150만 엔이었다. 토지 소유자는 그 중에서 다이아몬드를 선택했다. 토지는 3년 전에 70만 엔에 매입했는데 지금은 100만 엔은 나간다고 했다.

그러면 그 사람은 다이아몬드와 토지를 바꿔서 얼마나 이익을 챙겼을까? 답은 세 가지로 나뉠 수 있다. 첫 번째는 다이아몬드가 200만 엔, 토지가 70만 엔이니 그 차액인 130만 엔이라는 계산인데, 그런 계산은 어리석은 것이다. 다음으로 많이 나올 수 있는 대답은 모든 것을 시가로 평가해야 한다는 전제 아래 다이아몬드는 200만 엔, 토지는 100만 엔이니 100만 엔 이익이라는 계산인데, 이 답 역시 첫 번째 답과 엇비슷하다.

중요한 점은 에메랄드, 다이아몬드, 비취 중 어떤 것을 선택하는가 하는 점이며 어느 것을 선택하든 3년 전에 구입한 토지대금 70만 엔과는 아무런 관계가 없다는 것이다. 만약 토지를 에메랄드와 교환했다면 250만 엔의 수입을 얻을 수 있는데도 불구하고 다이아몬드와 교환했기 때문에 50만 엔을 손해 본 것이 핵심이다.

그는 다이아몬드를 손에 넣음으로써 토지가격과 비교해 이익을 얻은 것이 아니고, 다이아몬드보다 50만 엔이나 더 비싼 에메랄드를 포기한 셈이므로 50만 엔의 손실을 보았다. 바로 이것이 옳은 답이다. 약삭빠른 사람이라면 먼저 에메랄드와 토지를 교환하고 그것을 250만 엔에 판 다음 그중 200만 엔으로 다이아몬드까지 샀을 것이다. 그러면 200만 엔 가치가 있는 다이아몬드와 현금 50만 엔이 생기기 때문이다.

한 명은 받지 않는 온천여관 _____

코스트에 대한 인식이 부족해 이익을 챙기지 못하는 경우는 이밖에도 많다.

이 책을 쓰기 위해 나는 현재 혼자 여관에 머물고 있다. 그런 데 이 곳에 오기 전, 참으로 재밌는 일이 있었다. 이 여관은 울창한 대숲 속에 방이 따로따로 독립되어 있고 정원 한가운데에 작은 냇물이 흐르는 매우 조용한 온천여관이다. 나는 이 여관이 마음에 들어 1년에 3~4회는 이용하고 있다. 이제까진 주로 3~5명이 함께 왔는데 이번에는 조용하게 집필을 하기 위해 혼자 왔다. 그런데 이 여관에 투숙하기까지 약간의 문제가 있었다. 내가 한 달 전에 이곳에 예약전화를 넣었을 때였다.

"일주일 동안 묵으려고 하는데 방이 있나요?"

"네, 비어 있습니다만 몇 분이십니까?"

"이번에는 저 혼자입니다."

"아, 혼자 묵으시려고요? 평소에도 자주 이용해주시는데 이런 말씀 드려서 죄송하지만 손님 한 분만은 받기 곤란합니다."

"아니, 그게 무슨 말씀입니까?"

혼자 투숙하려는 여성을 여관에서 잘 받아주지 않는다는 것쯤은 나도 잘 알고 있다. 혹시 모를 자살이라든가 그밖에 엉뚱한 사건이 발생하면 골치 아프기 때문일 것이다. 그러나 나는 남성이고 더구나 단골이며 구면이다.

"왜 안 된다는 겁니까? 이유가 뭔가요? 빈 방은 틀림없이 있을 것 아닙니까?"

"솔직히 말씀드리면 손님 한 분만 받는 건 별로 남는 게 없어서입니다."

나는 '허허, 코스트 문제라니. 이거 참 재미있네' 생각하며 다시 물었다.

"어째서 손님 한 명을 받는 건 남는 게 없습니까?"

"아시다시피 저희 여관은 한 방 한 방이 독립되어 있지 않습니까? 그러니 손님 한 분만으로는 남지가 않습니다."

"그것참 이상한 말씀이네요. 지금은 방이 비어 있지만 그 사이에 단체 손님에게 예약신청이라도 온다는 겁니까?"

"아뇨, 오랜 경험으로 봐도 이맘때는 만실이 되는 경우가 없습니다. 그래서 빈 방은 얼마든지 있지요."

"그렇다면 괜찮지 않습니까?"

나는 지배인을 바꾸라고 해서 기회 코스트 이야기를 들려줬다. 손님을 한 분 받든 방을 비워두든 숙박을 운영하는 데에는 코스트가 필연적으로 발생한다. 그러니 방이 비어 있다면 한 분 손님이라도 받는 것이 당연히 이득이다.

"그렇군요. 듣고 보니 알 것 같습니다. 그럼 꼭 와주십시오."

이렇게 해서 간신히 예약을 끝냈다. 여관에 도착한 첫날 지배인이 방으로 찾아왔다.

"저는 20년 이상 숙박업을 해왔습니다만 그런 점은 생각도 못했습니다. 확실히 방이 비어 있을 때에는 한 사람이라도 숙박시키는 것이 이득이네요. 하하하."

어떻게 보면 코미디 같은 이야기다. 그러나 이런 일은 아직도 빈번하게 벌어지고 있다.

BACK
부족한 목적
TO THE
Defective Purpose
BASICS

시간이 흐르면 지금 있는 모든 것은 낡기 마련이다. 영원한 목적이란 것
도 없다. 인간의 무한한 욕망, 가치관의 변화, 과학기술의 발전은 지금
완벽하게 목적을 실현하고 있는 일조차 언젠가는 반드시 골동품 보관 창
고로 보내버린다. 변혁을 거듭하고 있는 세상에서 새롭게 떠오른 목적에
부합할 수 없다면 더 이상 번영도 없다. 더 큰 성공을 위해 목적 자체를
끊임없이 업그레이드하라.

임금님의 우산

완벽한 우산은 완벽하지 않다 _____

프랑스의 철학자 데카르트는 '나는 생각한다. 고로 나는 존재한다'라고 말했다. 나는 '인간은 생각한다. 그래서 진보와 발전이 이루어진다'는 신념으로 오늘날까지 '개선'을 주장하며 실천해 왔다.

여기서 소개하는 것은 어떤 우산 회사의 공장장과 주고받은 대화다.

"선생님은 언제나 모든 제품에 그 목적과 기능을 완전히 수행하지 못하는 것이 있다고 하셨죠? 저희가 개발한 이 우산은 어떻습니까? 우리는 이거야말로 완전한 우산, 그 목적을 완전히 실현하고 있는 제품이라고 자부하고 있습니다. 예전에 쓰던 종이우산은 무겁고 찢어지기 쉬웠잖습니까. 그래서 기름종이를 직물로 바꿨고 대나무 살과 대를 경금속으로 개선했습니다. 직물에도 방수처리가 되어 가볍고 튼튼합니다. 길어서 다루기 힘들다는 불만이 있어 2단으로 접게 만들었고 그러다 보니 우산을 펼 때 불편하다고 해서 이번에는 자동버튼방식을 달았습니다. 버튼만 누르면 저절로 펴지니 더 이상 무엇을 바라겠습니까?"

"많이 개선된 점은 인정합니다. 하지만 아직 끝난 것이 아닙니다. 개선에는 끝이 있을 수 없으니까요. 공장장님은 아직도 개선의 참뜻을 모르고 있어요. 한 가지 질문을 해 볼까요? 지금은 펴는 것만 자동으로 되지 않습니까? 접는 것도 자동으로 되나요? 그러니까 50점밖에 안 되는 겁니다. 저 같으면 이렇게 연구하겠어요. 버튼을 누르면 우산이 진동을 해서 붙어 있던 물방울이 자동으로 털리고, 그 다음에는 우산대가 반으로 줄어들고 우산살도 자동으로 척척 접혀지는 것 말입니다. 펴고 접는 것 모두 자동이어야만 100점짜리 완전자동 원터치가 아닐까요? 그렇지만 그 때 가면 또 다시 개선할 점이 나올 겁니다."

"이거 듣고 보니 정말 그렇군요. 제가 너무 콧대가 높았습니다."

발가벗은 임금님 동화처럼 이 공장장은 자신감이 넘쳐 의심할 줄을 모르고 자만에 빠져 있었던 것이다.

완전한 제품, 완벽한 제품이란 있을 수 없다. 어느 한 시점에서는 100점이었던 제품도 다른 분야의 기술 혁신에 따라 새로운 소재, 새로운 기술이 개발되면 다시 한 번 개선과 발전의 계기를 맞게 되는 것이다.

인간의 이상에 끝이 없고 욕망도 무한한 이상, 오늘 이 시점에는 완전하고 완벽하게 목적을 실현하는 제품이라고 하더라도 내일이 되면 무엇인가 부족하고 개선해야 할 것으로 바뀌게 마련이다. 그 사실을 깊이 명심해야 할 것이다.

꿈의 자동차

무용지물인 속도제한 표지판 —————————

일반국도라든가 고속도로에는 시속 몇 킬로미터로 주행하라는 속도제한 표지판이 곳곳에 있고 고속도로에서 일반도로로 나가는 곳에는 속도를 줄이라는 표지판이 있다. 그러나 내가 알기로는 앞차가 막혀있지 않은 이상 속도를 줄이는 차는 별로 없는 것 같다.

"이봐요, 기사님. 속도를 줄이라는 표지판이 있는데 왜 줄이지 않지요?"

라고 묻기라도 하면,

"차에는 흐름이란 것이 있어서 그 흐름을 타지 않으면 오히려 사고가 나요. 글쎄 저 혼자 교통규칙 제대로 지킨답시고 속도 늦춰 봐요. 단번에 뒤차에게 받히고 말걸?"

하고 운전기사는 태연하게 말한다.

앞차와의 간격을 안전하게 유지하라고 해서 일정한 안전거리를 유지하려 하다가는 뒤차가 사정없이 앞지르기하여 끼어들 것이다. 이처럼 인간은 아무리 귀가 아프도록 말하고 대문짝만하게 표지판을 붙여 놔도 도무지 들어먹지를 않는 것이다. 표지판만으론 목적이 달성되지 않고 안전교육 캠페인도 효과가 없는데 어째서 속도를 늦출 수밖에 없는 물리적 방법을 강구하지 않는 것인지 도무지 이해할 수가 없다.

자동차의 변신은 계속돼야 한다

이런 일은 도로에만 한정되는 것이 아니다. 자동차 자체를 놓고 생각해보자.

우리가 날마다 타고 다니는 자동차의 경우 고도의 기술 개발 덕분에 아쉬운 것이 거의 없을 정도라고 하지만 내가 볼 때는 아직 부족하다. 차를 타는 목적을 충분히 달성시켜 주지 못하기 때문이다.

"그럴 리가 있나요? 요즘 자동차가 얼마나 발전했는데 그러세요?"라고 이의를 제기하는 분께는 다음 몇 가지 문제점을 들고 싶다.

1. 테일 램프는 뒤따라오는 차에 회전방향과 정차상황을 알려주긴 하지만 어두운 곳에서 후진해야 할 때 후방을 비쳐주지는 못한다.

2. 차 뒷유리창에는 대체로 와이퍼가 없다. 따라서 비 오는 날에는 뒤를 볼 수가 없다.(이런 경우에는 차에서 내려 우산을 쓰고 보라는 것일까?)

3. 좁은 길에서 큰길로 나갈 때 좌우 시야가 건물에 가려서 전혀 보이지 않는다. 그럴 경우 운전자는 차에서 내려 큰길까지 나가 보고 와야 한단 말인가? 흔히들 차의 앞머리를 큰길에 조금 내밀고 좌우를 살펴본 다음 괜찮다 싶으면 이때다 하고 서둘러 차를 꺾어서 나가는데 그러다보면 큰길을 달려오던 차들이 경적을 울리고, 사고가 날 경우도 있다. 만약 차의 앞머리 후드 끝에 좌우 45도 각도의 사이드미러 두 개를 붙여 놓으면 이런 경우 아무런 문제가 없을 것 아닌가?

4. 좁은 길에서 빠져 나가려 할 때 왼쪽(한국에서는 오른쪽)차체와 장애물 사이의 간격이 어느 정도인지 볼 수가 없다. 20센티미터, 15센티미터, 10센티미터 하는 식으로 간격이 표시되는 미터계기를 개발해서 부착할 수는 없을까?

5. 비가 내리는 날이라든가 습도가 높은 날, 그 밖의 어떤 경우라도 창이 흐려지지 않는 방법은 없을까?

6. 차 안에는 어째서 휴지통이 없을까? 필요한 것은 재떨이뿐일까?

7. 비 내리는 날 젖은 우산을 들고 차에 타도 우산 놓을 곳이 없다. 바닥의 깔판이나 양탄자 따위가 젖어도 상관없을까? 바닥의 철판이 젖으면 녹슬기 쉽다는 것은 모를까?

8. 앞뒤 차와의 안전거리가 20미터 이내가 되면 자동 경보장치가 울리게 할 수는 없을까?

9. 안전벨트를 매지 않으면 차의 시동이 걸리지 않게 하는 방법은 없을까?

10. 현재 리터당 몇 킬로미터로 주행하고 있는지를 표시하는 미터계기가 없다. "당신은 지금 신나게 달리고 있지만 그렇게 달리면 리터당 9킬로미터 밖에 못 가니까 현재 당신의 연료탱크에 들어있는 연료로는 앞으로 27킬로미터 밖에 못 갈 겁니다. 좋아요. 그 속도라면 리터당 13킬로미터는 갈 수 있으니 앞으로 40킬로미터는 더 달릴 수 있습니다"라고 운전자에게 알려 주는 미터계기는 전혀 필요가 없을까?

이렇게 하나하나 따지기 시작하면 아직도 자동차에 불만스러운 점이 얼마든지 나올 수 있을 것이다. 모든 사람의 요구를 들어줄 수 있는 자동차는 언제쯤 실현될까? 모든 요구를 들어주기는 힘들겠지만 최소한 꼭 필요한 목적을 정확하게 달성시켜 줄 수 있는 자동차만이라도 하루 속히 개발돼야 한다.

그때쯤에는 누군가 이런 대화를 나눌지도 모른다.

"어머, 저 차는 왜 저기서 속도를 늦추는 거죠? 그러다가 아예 서 버리네요. 그리고 저쪽에 서 있는 차는 왜 꿈쩍도 않지요?"

"아, 그건 운전자가 졸기 시작하면 차가 서행을 하다가 아예 서 버리도록 만들어졌기 때문입니다. 그리고 저쪽 차는 음주 운전한 사람이 운전석에 앉았기 때문에 시동이 안 걸리는 걸 거예요."

"그것참 기막힌 장치네요. 이제 음주운전에 의한 사고라든가 졸다가 사고 내는 일은 아예 없겠어요. 당신이 술 마시고 운전하다가 사고라도 낼까 봐 여태까지는 한시도 마음 놓지 못했었는데 이젠 걱정하지 않아도 되겠군요."

이런 자동차는 언제까지 꿈의 자동차로만 머물러 있을 것인가?

이상적인 에어컨

'꿈의 바람'은 가능한가 _____

내가 살던 집이 좁아져서 증축을 했다. 장차 중앙난방이 널리 보급될 것을 예상하고 우선 배관만이라도 해 둬야겠다고 마음먹었다. 그런데 사람의 욕심이란 정말 한이 없어서 배관공사를 하고 보니 에어컨도 있었으면 하는 생각이 간절했다. 좀 무리해서라도 에어컨을 설치하자고 가족들이 모두 조르기에 마지못해 에어컨을 설치하기로 했다. 내가 어째서 에어컨의 설치를 망설였는가 하면 그 당시의 에어컨은 사용자의 목적을 충분히 실현시켜 줄 정도까지 기술혁신이 되진 않았다고 봤기 때문이다. 그래서 가족들에게 "한 2, 3년만 더 기다려 보는 것이 어떨까?" 제안했더니, 내 말이 맞는지 어떤지 일단 전기 기술자부터 불러서 알아보자는 쪽으로 의견이 모아졌다.

이웃에 사는 전기 기구상 주인이 마침 상점에 들른 가전제품 회사 AS요원과 함께 우리 집으로 왔다.

"요즘 시판되고 있는 에어컨은 아직 완벽하다고 할 순 없죠? 여러 회사의 컨설팅을 맡아서 다니다보니 대충 알겠던데요."

내가 이렇게 말머리를 꺼내자 전기기사는 자신 있게 말했다.

"에어컨이 아직 신통치 않다고 말씀하시는 건 현실을 모르시는 말씀입니다."

나는 아무래도 의아함을 감출 수 없었다.

"아니, 그럼 금년도 신제품은 완벽한 수준이란 말입니까?"

"그렇습니다. 작년에 나온 건 여러 가지 결점도 있었지만 금년도 신제품은 그야말로 완벽한 수준이지요."

전기기사가 자신 있게 설명한 점은 다음 세 가지였다.

1. 에어컨의 소음이 더 이상 들리지 않을 정도도 조용해졌다.
2. 실내가 지나치게 건조해지지 않도록 가습기를 달았다.
3. 냉각방식이 3단계로 나뉘어 있다.

이 말을 들은 가족들은 더 이상의 개선은 힘들 것 같으니 이왕이면 빨리 에어컨을 들여 놓자고 했다. 그러나 나는 그 전기기사에게 웃으면서 말했다.

"글쎄요. 금년도 신제품은 3단 냉각방식이라고 하는데 밤에 잘 때는 적당한 온도였을지 몰라도 새벽녘에 지나치게 온도가 내려가 있다면 그때마다 일어나서 온도조절을 하라는 건가요? 에어컨이 잠을 깨게 하는 자명종도 아닌데 말입니다. 에어컨은 실내

냉방이 목적일 텐데 그 냉각방식에도 문제점이 있군요. 바닥은 확실히 시원해지지만 바닥에서 위로 올라갈수록 온도는 높아지겠지요? 이런 에어컨이라면, 따뜻하게 해야 할 발은 지나치게 차서 몸에 해롭고 시원하게 해야 할 머리는 더워져서 정신이 들지 않을 겁니다. 나는 머리 쪽은 차게, 발은 따뜻하게 할 수 있는 에어컨이 소원인데 도대체 그런 에어컨은 언제쯤 되어야 개발될까요? 설마하니 현재 시판 중인 에어컨을 거꾸로 놓고 사용하라는 말은 안 하시겠지요."

이 말에는 전기기사도 꼼짝 못했다.

"정말이지, 선생님 같은 분은 처음 뵙습니다."

사실 따지고 보면 어떤 제품이든 마찬가지다.

"아빠! 이거 좀 도와주세요!"

2층에서 어린 아들놈이 부른다. 무슨 일인가 하고 올라가 보니 여러 장의 종이를 철하려고 펀치로 구멍을 뚫는데 두 구멍의 간격을 제대로 맞추지 못해서 애쓰고 있었다. 나는 직업이 직업이라 즉시 사무용 펀치의 개선점이 머리에 떠올랐다.

1. 펀치 구멍의 간격을 자동 조절할 수는 없을까?
2. 펀치 구멍의 지름을 자동 조절할 수는 없을까?
3. 펀치로 구멍을 뚫으면서 동시에 철할 수는 없을까?

시계만 보는 엔지니어

업무 사이에 숨은 부족한 목적 _____

좀 딱딱한 이야기지만, 대기업의 제조 공장에 가보면 'IE부문'이라는 것이 있다. 인더스트리얼 엔지니어링(Industrial Engineering)의 머리글자를 딴 약자인데 인력, 설비, 자재의 종합 시스템 설계와 개선을 추진하는 부문이다.

이 IE부문에는 시간측정을 맡은 엔지니어가 있는데 그들은 자기 회사에서 제조하는 부품이나 제품이 공정순서에 따라서 어느 정도 시간이 걸리는지를 조사한다. 그 이유는 다음과 같다.

1. 하루 동안 하기 알맞은 작업량을 정해서 작업량에 객관성을 부여하여 책임감 향상을 도모한다.

2. 설비, 기계, 도구 또는 그 작업에 필요한 인력 등을 결정한다.

3. 원가산출 또는 견적이라든가 외주로 돌리고 있는 부품, 제품

의 구매단가를 조사할 경우의 코스트 기준 자료를 수집한다.

4. 사내의 생산계획 및 공정관리에 따라 일정계획표를 작성할 때와 현재 보유한 인원과 설비에 어느 정도의 작업량을 할당·투입할 수 있는지 계산할 때의 기초자료를 만든다.

5. 장려급 제도를 시행하든 아니든 정당한 임금을 객관적으로 평가할 수 있는 기준을 만든다.

6. 설비와 인력의 시간적 밸런스를 잡는다. 또한 작업방법의 우열 경제성을 판정하기 위한 자료로 삼는다.

7. 1인당 담당하는 기계 대수와 설비 및 작업자의 비가동시간을 측정·조사하여 작업공정의 재설계 자료를 만든다.

8. 감독자가 작업지도와 작업량 완수 책임을 지게 한다.

9. 1일 작업시간 중 최소 필요시간을 측정·조사하여 낭비시간의 박멸을 위한 기준척도로 삼는다.

이런 목적의 조사는 구시대적인 감독방법, 즉 "10분 안에 끝내라", "좀 더 빨리 빨리 해치워", "한 번에 두 개씩 들어서 옮겨"하는 식의 무조건적인 강제 혹사가 아니라 공장의 과학적 관리를 위해 기준을 설정하는 것과 관련이 있다.

즉 공장 내에서의 모든 활동을 낭비 없이 효율적으로 수행케 한다는 한 가지 역할을 수행하기 위함이다. 그러나 막상 이 조사 업무를 맡은 엔지니어들이 일의 목적을 잊고 있는 것 같을 때가 있다. 예를 들어 그들이 다음의 업무가 얼마나 오래 걸리는지 조사를 한다고 해보자.

1. 재료를 기계에 고정시킨다.
2. 그 재료를 도면대로 절삭 가공한다.
3. 완성된 부품을 떼어 내서 부품상자에 담는다.

엔지니어들은 이 세 가지 공정의 시간을 측정해서 가장 더딘 사람과 가장 빠른 사람의 시간을 참작해 이 작업은 평균적으로 몇 시간 몇 분이 걸린다는 결론을 내릴 수 있다. 하지만 두 번째 작업공정이 진행되는 동안 기계만 가동되고 있을 뿐 작업자는 뒷짐을 지고 단지 관찰만 하는 경우들이 있다.

그렇다면 엔지니어들은 이런 고민을 해야 하는 게 아닐까?

'관찰만 하는 작업자의 낭비시간을 어떻게 하면 효율적으로 활용할 수 있을까?'

'어떻게 하면 기계도 계속 가동하고 작업자도 쉬지 않게 할 수 있을 것인가?'

정작 이런 문제점은 별로 생각하지 않는 모양이니 이래서야 되겠는가? 단지 소요시간만을 측정해 보고한다면 그것은 IE 엔지니어로서 목적의 반 밖에 달성하지 못하는 것이다.

목적을 잊고 일하는 경우가 아직도 이렇게 종종 발견되고, 시대가 바뀜에 따라 더욱더 늘어나고 있다.

말띠 딸 소동

말띠 해에는 생산을 줄이자?

대륙에서 불어오는 세찬 바람이 동해의 거친 파도를 몰아 해변에서 부서진다. 나는 어느 철도역에 내려 짭조름한 바닷바람을 한껏 마시고 햇빛을 받아 눈부시게 빛나는 바다를 바라보면서 해변도로를 택시로 달렸다. 산비탈을 깎고 벼랑턱에 뚫은 포장도로는 2차선의 좁은 길이었는데 얼마쯤 가다가 보니 곳곳에 낙석주의 표지판이 세워져 있었다. 이것을 보고 문득 이 표지판의 목적은 무엇일까 곰곰이 생각해 보았다.

산비탈을 깎아 길을 뚫거나 깎여나간 산비탈에 낙석 방지공사를 하는 목적은 산사태가 나거나 돌이 굴러 떨어지더라도 도로의 교통에 지장을 주지 않는 것이다. 그런데 그 도로를 달리는 차에 대고 낙석에 주의하라니, 대체 어떻게 주의하란 말인가? 비탈에서 굴러 내려오는 돌에 맞지 않겠다고 비탈을 조심조심 살펴보며 운전을 하란 말인가? 그러다가는 커브 길에서 벼랑 밑으로 떨어질 위험성이 더 크지 않겠는가? 아니면 길 위에 떨어져 있는 낙석에 부딪히지 않도록 조심하란 말인가?

모처럼 시원한 바닷바람과 해변도로의 아름다운 풍경에서 느끼던 로맨틱한 기분은 이처럼 멋대가리 없고 무례한 표지판 때문에 산산이 부서지고 말았다.

공사책임자와 도로관리당국의 책임회피를 말해주는 낙석주의 표지판에도 불구하고 다행히 별일 없이 차는 목적지인 공장에 도착했다.

"이렇게 외진 곳까지 와주셔서 정말 감사합니다. 선생님을 초청한 것은 다름이 아니라 내년도 유아복 시장조사를 의뢰하고 싶었기 때문입니다."

이 공장은 신생아를 위한 유아복 전문봉제공장이며 일본 내 유아복 수요의 12%를 차지하고 있다. 지난 10년 동안 이 회사는 순조롭게 성장해왔다. 하지만 난처하게도 내년이면 말띠 해다. 과거의 통계를 살펴보면 말띠 해의 출산율은 평년에 비해서 70~80%가 줄어들 것으로 예상된다. 회사는 과잉 생산과 매출감소로 인한 재고과다에서 오는 손실을 줄이기 위해, 내년도의 수요량을 과학적으로 예측 조사하여 생산계획을 축소 조정하기로 했다. 그러니 과거의 데이터를 컴퓨터에 입력해서 정확한 수요예측을 내려 달라는 요청이었다.

영업의 목적은 매출 축소가 아니다 _____

온갖 데이터를 제시하면서 설명하는 영업부장의 말을 귀담아 들은 후 나는 그에게 질문했다.

"출산율이 떨어지면 매출이 줄어들 것이니, 생산량을 전년에 비해 줄이기 위해서 수요예측과 매출예측을 내 달라는 겁니까?"

그러자 그렇다는 대답이 돌아왔다.

"그럼 한마디 더 묻겠습니다. 영업부장님께서는 그 목적만 달성되면 좋다고 생각하십니까?"

"그렇지요. 그런데 선생님께선 무슨 다른 목적이 더 필요하다고 보시는 겁니까?"

"만약 내가 이 회사 사장이라면 그런 목적을 위한 데이터는 조사하지 않을 겁니다. 필요 없는 조사이기 때문이지요. 데이터를 내는 목적이 무엇이겠습니까? 내년은 말띠 해니까 출산율이 줄어 시장수요도 축소된다, 따라서 지금과 같은 영업방식을 그대로 유지하다가는 매출은 틀림없이 줄어든다, 그러니 매출이 줄어들지 않게 하려면 종전과는 다른 새롭고 공격적인 매출계획과 영업전략을 세워 경쟁회사의 시장점유율을 잠식하도록 하자, 금년과 다름없는, 아니 금년보다 더 많은 매출을 올리려면 어떻게 해야 될 것인가 하는 방향으로 목표를 설정 해야 하는 것 아니겠습니까?"

"하긴 그렇습니다만…."

"이 회사가 국내시장을 독점하고 있고 수출가능성도 전혀 없다면 어쩔 수 없지만 고작 12%의 시장 점유율인 이상, 적극공세로 나가면 얼마든지 라이벌회사의 시장점유율을 잠식할 여지가 있을 겁니다. 이를 위한 전략을 도와 달라면 저 역시 한번 덤벼보고 싶습니다만 영업부장님께서 생각하시는 생산 축소와 매출 감소를 위한 데이터라면 비싼 돈 내고 컴퓨터로 데이터를 낼 필요가 없을 텐데요."

"정말 옳은 말씀입니다. 목적을 다르게 잡아야겠군요. 이거 정말 내가 왜 이렇게 멍청했었죠?"

그 이듬해 이 회사는 획기적인 판매전략을 시도했다. 그 결과, 말띠 해라서 축소된 시장수요에도 불구하고 전년대비 매출을 여유 있게 유지하며 비약하는 발전의 계기가 되었다.

거래업자 조사표

정작 알아야 할 내용은 모두 빠진 조사표 _____

대부분의 제조기업은 기술혁신과 제품의 다양화에 따라 모든 것을 자체생산하기보단 필요에 따라 외주를 주거나 구매한다. 이런 경향은 해를 거듭할수록 느는 추세다. 이제 대부분의 기업들이 필요 부품의 절반 이상을 외주에 의존한다.

이런 추세에 따라 구매담당자들은 외주공장을 선정하기 위한 거래업자 조사표라는 것을 작성해야 한다.

외주공장 선정지침으로는 다음과 같은 것들이 있다.

1. 요구하는 품질을 충분히 만족시킬 수 있는 가공 기술과 기계설비를 갖추고 있는가?
2. 요구하는 품질을 보증할 수 있는 관리활동이 제대로 이루어지고 있는가?
3. 합리적인 생산방식으로 고능률을 유지하고 있는가?

4. 공장의 자금사정은 양호한가?

5. 경영자가 진보적이거나 협력에 능한 인물인가?

6. 노사관계가 원만한가?

7. 거래할 수 있는 관계나 계기를 확보할 수 있는가?

이 조사표의 항목들은 다음의 항목들과 연관이 있다.

1. 회사명/소재지/자본금/창립연월일/연혁/생산품목/거래은행/거래처

2. 매출액/자금차입액/결산상황

3. 사장 및 임원의 약력

4. 조직/제도

5. 종업원수/사원/현업종사자/남녀 비율

6. 주요 보유설비

컨설팅을 위해 방문하는 회사에 구입처와의 트러블이 생기면 나는 의례 이 거래업자 조사표라는 것을 살펴보는데 유감스럽지만 내가 원하는 정보는 단 한 번도 얻을 수 없었다. 조사표에 기입된 사항은 분명히 어떤 목적을 위해서는 필요할 것이다. 하지만 거래업자 조사표로서는 사실 충분하지 않다.

구매에 있어 중요한 건 첫째가 품질, 둘째가 납기, 셋째가 코스트라고들 한다. 이는 꼭 구매분야에서 일하지 않더라도 모든

비즈니스맨의 상식이다. 그러나 빈번하게 일어나는 품질, 납기, 코스트면의 트러블해소 또는 예방에 대해선 이 조사표가 실상 아무런 역할도 수행하지 못하고 있다. 다음과 같은 질문에 위의 거래업자 조사표가 어느 정도로 유용할지 생각해보자.

1. 불량품이 발생했다. 이 회사의 품질보증시스템은 어떻게 되어 있는가? 기계설비의 형식·등급 따위의 목적 성능 이외에 노후의 정도, 관리상황에 의한 실질적 성능은 어떤가? 기술자라든가 작업자의 경험연수, 기술내용, 기술수준은 어느 정도인가? 뒤떨어져 있는 기술은 어떤 것인가? 검사를 위한 측정기기라든가 그 보수 및 보전은 완벽한가?

2 납기가 자주 지연된다. 생산계획, 재료수배, 작업지시, 공정관리, 재고관리, 검사출하시스템, 직반장의 부하관리방법은 어떻게 되어 있는가?

3. 코스트가 비싸다. 경영자의 인품, 책임감, 공장경영관리능력을 비롯해 코스트견적 부문의 산출 기준은 무엇인가? 설비의 상각비, 가동률, 노무비, 작업 가동률, 작업능률, 수율, 일반관리비, 이익 따위는 어떤 형식으로 산출되고 있는가? 1인당 부가가치생산액은 어느 정도로 올리고 있는가?

거래업자 조사표라면 일상적으로 일어나는 이런 문제들의 해결을 위한 정보원이 되어야 한다. 그것이 거래업자 조사표의 목적이다. 그러나 위에서 언급한 방식의 조사표는, 굳이 말하자면 거래업자의 신체검사표 같지 않은가? 문제를 해결하기 위해 필요한 건 외형 검사만이 아니라 내장기능 등을 포함한 종합건강진단서인데 호흡기, 소화기, 순환기, 비뇨기, 내분비검사는 빠진 셈이다.

철저한 코스트 관리로 승부한다?

코스트 개념이 빠져있는 코스트 관리 _____

한 자동차 회사에서 전반적인 원가절감 운동을 전개한 적이 있다. 작업현장 상황을 알아보려고 공장을 견학하니, '반기에 2억 엔 절감 운동'이라는 큰 현수막이 각 작업장마다 걸려 있는 게 보였다. 공장 안의 모든 기둥에는 스티커로 제작된 표어가 붙어있었는데, 어느 작업반장이 응모해 당선된 것이라고 한다. '철저한 코스트 관리로 승부하자'라는 표어 문구는 과연 원가절감 운동을 전개하는 기업과 어울렸다.

공장 안을 둘러보고 응접실로 돌아와 그 표어를 지어낸 작업반장을 만났다.

"작업반장님께서 대단한 표어를 내걸으셨던데 물론 반장님도 코스트 관리에 철저히 임하고 계시죠?"

"저희 회사는 자동차를 만드는 회사입니다. 지금 같은 무역자유화시대에 사느냐, 죽느냐 하는 문제의 심각성은 다른 업계와 비교가 되질 않습니다. 저희는 정말 온 정성을 다해 일하고 있습니다."

"그렇겠군요. 실례했습니다. 그런데 반장님께서는 원가절감 운동을 어떻게 전개하고 있습니까?"

"저희 부서에는 저와 2명의 조장, 반장 및 작업자까지 5명이 매주 토요일 오후마다 그룹 활동을 하며 계획된 몇 가지 프로젝트를 달성하기 위해 애쓰고 있습니다. 구체적인 자료를 가지고 설명하겠습니다."

작업반장은 자세하게 작성된 계획서를 보여주며 설명했다. 그 설명을 일일이 다 들은 다음 이 계획이 모두 완성될 경우 절감액은 얼마나 되냐고 물었더니, 반기에 5백만 엔쯤은 될 것이라고 대답했다. 그런데 아무래도 뭔가 이상했다. 내 계산으로는 5백만 엔은 무리이고 기껏해야 1백만 엔쯤 될 것 같았기 때문이다. 과연 이 작업반장은 코스트에 대해 올바른 인식을 가지고 있는 것일까 싶어 담당하는 작업반을 보여달라고 청해 엔진밸브 제작 현장으로 직접 가보았다.

첫 번째 공정 단계에서 물었다.

"작업반장님, 여기서 하고 있는 절삭작업에 필요한 바이트는 한 개에 얼마쯤 합니까?"

"글쎄요, 그건 모르겠습니다."

다음은 연마공정. 그런데 거대한 연마기가 가동되지 않고 있는 것이 아닌가.

"왜 연마기가 가동하지 않습니까?"

"오늘은 공정관계로 오전 중에만 가동합니다."

"그렇다면 오후엔 작동하지 않는군요."

"그렇습니다."

"이 기계를 오후 반나절 동안 세워놓으면 그 시간동안의 감가상각비는 얼마나 먹힙니까?"

"반나절의 감가상각비 말인가요? 글쎄 그건…."

세 번째는 소각공정이었다.

"이거 굉장히 훌륭한 대형 전기로군요. 이걸 1시간 가동시키면 전기요금은 어느 정도 듭니까?"

"…선생님은 참 짓궂으시군요. 아까부터 제가 모르는 것만 물으시니…."

작업반장은 뒷머리를 긁으며 난처한 표정을 지었다. 결국 그는 코스트에 관해서는 아무 것도 몰랐다. 계속 몇 가지 질문을 해보았으나 역시 제대로 된 대답은 듣지 못했다. 그러면서 '철저한 코스트 관리로 승부하자'고 큰소리를 치고 있었으니 어처구니가 없을 수밖에 없다.

입으로만 반복하는 화재예방책

이와 비슷한 예로 흔히 입에 오르는 불조심 이야기가 있다. 어느 회사의 사장이 신문을 읽다가 어떤 회사에 불이 났다는 사실을 알았다. 사장은 당장 임원회의를 소집했다.

"우리 회사의 화재예방책은 완벽한가? 날씨가 건조하니 단단히 조심하도록 부하 직원들에게 주지시키게."

임원진은 부장과 과장들을 불러 지시했다.

"사장님께서 걱정하고 계시니 불조심을 강화하도록!"

지시를 받은 부장과 과장들은 당장 계장들을 불러 모아 "불조심!"하며 똑같은 지시를 했다. 계장은 또 작업반장에게, 작업반장은 또 작업자에게 "불조심!" 구령을 외쳤다. 가장 말단에 있는 작업자는 지시를 내릴 부하가 없으므로 "불조심!"하고 천장을 향해 외쳤다. 이런 식으로 불조심 명령이 내려가는 셈이다.

사장의 "불조심!" 지시가 그저 구호에 그치지 않으려면 다음과 같이 구체적인 형태의 화재예방책이 나왔어야 한다.

- 용접용 산소탱크의 밸브는 꼭 막았는가.
- 용접기의 불은 완전히 껐는가.
- 납땜용 전기인두를 콘센트에서 뺐는가.
- 재떨이의 담배꽁초 불은 껐는가.

하나하나 그 요인과 요소를 제대로 알고 확인해야 비로소 완전무결하게 화재를 예방할 수 있다.

코스트 문제도 이와 마찬가지이다. "코스트 절감, 코스트 절감"하고 아무리 외쳐봐야 그것이 발생하는 요인이나 코스트 그 자체를 모른다면 헛된 불조심 구호와 다름없이 아무런 효과도 없을 것이다.

개인이 작성하는 가계부도 마찬가지다.

"여보, 지난달은 3만 엔, 이달은 4만 엔 적자예요."

아내가 이렇게 말할 경우, 남편은 어떻게 대답할 것인가.

"당신 정말 엉망이군. 내가 철저한 코스트 관리로 승부를 걸자고 입이 닳도록 말했잖소! 좀 더 확고한 코스트 의식을 가지고 살림을 꾸려요."

설마 이런 식으로 말할 것인가? 조금이라도 머리를 쓸 줄 아는 사람이라면 아내와 함께 좀 더 구체적이고 확실한 대책을 세울 것이다. 소비항목별로 지출액을 조사하여 쓸데없는 지출을 줄이거나 물건을 좀 더 아껴 쓰도록 자녀들을 교육해서 다음 달부터는 차질이 없도록 하는 편이 더 좋은 방법이지 않을까.

이런 식으로, 코스트가 어디서 어떤 이유로 얼마나 발생하고 있는지 알면 코스트 대책은 얼마든지 세울 수 있는 법이다. 단순히 원가절감을 하자는 식의 추상적인 말이나 자세보다는 구체적인 항목별로 정량화해서 실천하는 것이 중요하다.

뛰는 놈 위에 나는 놈

0%에 숨겨진 비밀 _____

도쿄의 한 전기기기 회사는 현재 구매코스트 기준을 열심히 작성하고 있다. 이 회사가 이런 일에 손을 댄 것은 그동안 많은 실패와 문제점에 부딪혀왔기 때문이다. 이 회사에는 구매과장이 2명이나 있다. 제1구매과장인 A씨는 업자가 견적을 제시하면 반드시 10%를 깎았다. 그래서 제1과의 구매 담당자들은 과장의 방침에 따라, 업자가 견적을 가지고 오면 반드시 가격인하 교섭을 했다.

"너무 비싸네요. 10% 정도는 낮출 수 있겠죠?"

"그런 식으로 무작정 깎기만 하면 어떻게 합니까? 저희 사정도 좀 봐주세요."

이런 말이 오가면서도 결국은 업자가 가격을 깎아주지 않을 수 없게 된다. 하지만 이런 일이 여러 차례 계속되면 업자도 바보가 아닌 이상 요령 있게 빠져나가는 방법을 취하기 마련이다.

"그 회사는 견적을 내면 반드시 10%를 깎으려고 하니까 아예 처음부터 10%를 더 얹어서 실속을 차려야 해요."

"예, 걱정 마세요. 이번에는 15%를 보태놓았으니까요."

그래서 이 견적을 거래처 구매과에 제시하면 예의 '10% 깎기'가 시작된다. 업자도 그 정도는 잘 알고 있어서 한동안 버티다가 상대방의 체면을 살려주는 척하고 10%를 깎는 것에 동의한다. 그러고는 마음속으로 중얼거린다.

'흥, 아무리 그래봐라. 우리는 5%나 벌었다.'

그런데 어느 날 이 구매과장 A씨가 복도에서 업자들이 주고받는 이야기를 엿듣게 되었다.

"이 회사는 지불조건은 그런대로 괜찮은데 늘 10%를 깎으려고 해서 참 곤란해요."

"그렇죠, 저희도 마찬가지랍니다. 그래서 요즘은 아예 깎이게 될 10%를 미리 보태서 제시하고 있어요."

"허허, 그거참 영리하시군요."

그들은 웃으면서 이런 말을 주고받고 있었다. 이것을 엿들은 과장은 비로소 자신의 실수를 깨달았다고 한다.

또 한 사람 제2구매과장 P씨는 구매코스트 기준 강습회에 나와 호언장담했다.

"저도 코스트에 대해 공부하고 있어요. 선생님 말씀대로 하지 않아도 저희는 문제없습니다."

그는 현재 자신이 쓰고 있는 방법으로도 충분하다고 주장했다. P씨의 방법이란 다음과 같은 것이었다.

"저희 회사는 아시는 바와 같이 초일류회사이며 좋은 부품을 납기대로 납품만 시킬 수 있다면 누구라도 바이어가 될 수 있습니다. 일이야 저희 회사 간판만 내세우면 누구나 할 수 있는 종류의 일입니다. 그러나 바이어가 진실로 우수한 직원인가 어떤가는 1년 동안에 가격을 얼마나 낮췄는가에 달려있지요. 그래서 저는 보너스를 지급할 때 연간 가격인하액을 참고자료로 삼아 직원들이 분발하게 하고 있습니다."

요령만 늘게하는 어설픈 전략

처음에는 이 방법도 성과가 있었을지 모른다. 바이어도 진지하게 몰두했을 것이다. 그러나 이런 방법은 그다지 오래가지 못한다. 이 회사의 바이어들은 차츰 겉으로만 그런 방식을 취할 뿐 모두 다음과 같은 방법으로 요령 있게 처신하게 되었다.

우선 규정대로 견적을 받는다. 예를 들어 A사가 100엔, B사가 130엔, C사가 140엔이라는 3개의 견적을 받으면 바이어는 A사의 담당을 불러 교섭한다.

"이 100엔은 잘못된 것 아닙니까? 120엔 정도 드는 것으로 아는데 다시 검토해서 120엔으로 고친 견적서를 가져오세요."

"그래도 괜찮습니까?"

"상관없어요. 제가 사정을 잘 아니까."

"그렇습니까? 잘 알겠습니다."

A사 담당자는 회사로 돌아가서 견적서를 120엔으로 고치고 다시 제출한다. 바이어는 3개사의 견적서를 들고 과장에게 설명한 다음, A사가 제일 싸니까 A사에 발주하는 게 좋겠다고 말하고 120엔으로 A사에 발주한다. 그리고 2개월쯤 지난 뒤, 다시 A사의 담당을 부른다.

"다음 달부터는 이걸 100엔에 납품해주세요."

그것은 당초 100엔의 견적으로 받았던 것이기 때문에 별 무리 없이 가격인하가 실현된다. 이런 일을 계속 거듭해서 반기분 발주수량 중 얼마 정도 가격을 깎았는지 총액을 계산해 과장에게 보고하는 것이다.

"과장님, 저는 반기에 이 정도나 비용을 아꼈습니다."

"자네, 매우 잘해주었군. 수고했네."

과장은 실정을 모르기 때문에 칭찬만 하고 넘어가버린다.

가격만 낮추면 만사 오케이?

회사에서는 해마다 새로운 기종이 나오기 때문에 이런 방식으로 계속 가격을 조정하다보면 바이어로서는 실적을 올리기가 누워서 떡 먹기보다 더 쉬워진다. 그러나 이런 방법도 결국은 탄로가 나게 되어 있다. 이 문제로 꽤 난처하게 된 P과장이 나에게 의논하러 왔다.

"역시 안 되겠어요. 만약 이 일이 부장님 귀에라도 들어가게 되면 큰일입니다. 이제부터 구매코스트 기준을 만들어서 정확한 평가를 해야겠다는 생각이 들었습니다. 지도를 부탁드립니다."

이런 종류의 문제는 모든 회사에서 한번쯤 생각해봐야 할 문제가 아닐까. 독자가 다니는 회사 중에도 다음과 같은 일들이 틀림없이 있을 것이다.

1. 견적을 몇 % 낮추는 데 성공했다.
2. 납기를 지키기 위해 특급 주문을 냈는데도 코스트는 평소와 똑같았다.
3. 소량의 물건도 양산품과 같은 값으로 구입하는 데 성공했다.
4. 한 시간의 가공비율을 저렴하게 억제하고 있다.
5. 소요시간을 단축하는 데 성공했다.
6. 높은 외주이익률을 낮게 억제하고 있다.
7. 금형값이 비싸기 때문에 이를 낮게 억제하고 있다.

이런 일들은 얼핏 보면 잘한 것으로 착각하기 쉽다. 그러나 실제로는 조금도 이익이 되지 않는다고 생각하는 편이 옳다.

VI

BACK TO THE BASICS

목적형 인간

Object-Oriented Human-being

뿌리까지 썩은 나무는 가지 몇 개를 잘라내도 다시 살아나지 않는다. 이와 마찬가지로 원래의 목적을 잊고 지금 하는 방식의 개선에만 골몰한다고 해서 현실의 문제가 해결되는 것은 아니다. 목적의 중요성을 알았더라도 어쩌다 한두 번 생각하는 식으로는 부족하다. 하루하루, 매 순간순간마다 숨은 진주를 캐내듯 원래의 목적을 예리하게 떠올리며 전력투구하라. 일상생활 속에 자연스럽게 목적의식이 뿌리내린 '목적형 인간'으로 진화하는 길만이 성공과 실패를 가르는 분수령이 된다.

냉동식품

아이디어까지 냉동시킨 회사 _____

좀처럼 내리지 않던 눈이 소복하게 내려 쌓인 어느 겨울날 아침, 나는 '돌아오는 길은 엉망이 되겠군!' 생각하면서 어떤 냉동식품 회사를 방문했다.

그 회사는 냉동기술의 발달과 슈퍼마켓의 번영, 가정용 냉장고의 보급확대에 따라 급격하게 증대하는 수요에 맞추기 위해 즐거운 비명을 지르면서 증산에 이은 증산으로 활기에 넘쳐 있었다.

우선 사무실로 안내받고 이어서 공장개선의 의뢰를 받은 현장으로 가기 전에 온갖 생선이나 육류가 가공·냉동되어 냉동고에 저장되는 과정을 자세하게 들으면서 시찰했다.

이윽고 본래의 목적지인 크로켓 제조부문에 이르렀다.

"사실 선생님께 지도를 의뢰한 것은 이 크로켓 제조라인입니다. 선생님께서 많이 보신 다른 공장들과는 전혀 딴판이긴 하지만 차례차례 자세히 설명드릴 테니까 좋은 아이디어가 떠오르시면 지도해 주십시오. 상사로부터 무조건, 무엇이든 개선하라는 엄명이 내려왔는데 좀체 그럴듯한 아이디어가 나오지 않아서 애를 먹고 있습니다."

직원의 설명에 의하면 재료를 혼합한 반죽이 크로켓의 소재가 되는데 그것을 대형프레스로 눌러서 여러 개의 크로켓을 틀에서 뽑아낸다고 한다. 이것을 다시 냉동시켜 단단하게 만든 다음 빵가루 피를 입히면 완성되는 것이다.

'하루에 몇 만 개씩 생산하는 것이다보니 역시 가정에서 만드는 것과는 다르군!' 하고 감탄했다.

"그럼 이 크로켓 제조공정표를 좀 봅시다."

이렇게 청하자 즉시 공정표를 보여주는데 거기에는 제1공정 프레스, 제2공정 냉동, 제3공정 피씌우기… 라는 식으로만 기재되어 있었다.

'이건 현상과 방법만 기재했을 뿐이군. 가장 중요한 목적이 적혀 있지 않잖아!'

나는 이렇게 질문했다.

"제1공정 프레스라고 되어 있는데 그 작업의 목적은 무엇입니까?"

"성형, 즉 형태를 갖추게 하는 것이지요."

"그럼 제2공정의 냉동은요?"

"그건 성형된 크로켓이 부서지지 않게 하기 위한 것입니다."

사실은 이것이 중대한 문제다. 제1공정 프레스, 제2공정 냉동 이렇게만 기재해두면 프레스를 하기 위해 어떻게 하는 것이 최선의 방법인가 하는 발상만이 떠오를 뿐이며 냉동 공정에서도 냉동의 방법론만이 문제의 초점이 될 뿐이다.

그러나 목적을 중시해서 제1공정 프레스를 제1공정 성형이라고 써두면 프레스 이외에도 성형을 위한 여러 가지 방법이 나올 수 있다. 제2공정 역시 목적이 냉동이 아니라 형태 유지, 부서짐 방지 등이라면 굳이 냉동을 하지 않고도 여러 방법을 시도해볼 수 있다.

목적을 중시한다는 것은 얼마나 기본적인 문제인가. 이런 식으로 목적을 직시하게 되면 여러 가지 좋은 발상이 떠오를 수 있는데 이 회사는 그런 발상까지 냉동시켜 놓았던 것이다. 이 한 가지 조언만으로 그 회사는 급속하게 합리화가 추진되었다.

타임 레코더와 회사

타임 레코더는 시간을 기록하는 것? ─────

상품이 갖춰야 할 가치를 추구하는 데에는 두 가지 관점이 있다. 목적을 생각하고 그것을 추상화하여 제품화하는 방법, 처음부터 작용과 기능을 생각해서 이를 추상화하는 방법이다. 이것을 알기 쉽게 다음과 같은 구체적인 예를 들어 설명해보자.

　타임 레코더를 만드는 전문회사를 방문했을 때의 일이다. 이 회사는 현재 생산 중인 타임 레코더를 어떻게 하면 더 저렴하게 생산할 수 있는지에 대해 여러 가지 방안을 검토하고 있었다. 그래서 그 곳에 모인 사람들에게 "타임 레코더의 목적은 무엇이라고 생각하십니까?" 묻자, 모두가 한결같이 "작업시작과 종료시간을 기록하는 것입니다"라고 대답했다. 그런데 시작과 종료의 시간을 기록한다는 생각은 그 제품의 기능을 나타내는 것일 뿐 그 목적은 다른 곳에 있다는 사실을 아무도 깨닫지 못하고 있었다. 그래서 나는 모든 이들에게 다음과 같이 말했다.

"여러분은 아직도 목적이라는 것을 완전히 이해하지 못하고 있습니다. 다시 한 번 타임 레코더의 목적이 무엇인가 생각해 보십시오."

타임 레코더의 목적은 '작업의 시작과 종료시간을 기록하는 것'이 아니라(이것은 기능이다) '실제 작업시간을 파악하는 것'이다. 만약 타임 레코더가 시간만을 기록하는 것이라면 타임 레코더를 찍고 작업을 시작한 뒤, 저녁 5시에 작업을 끝내고 다시 레코더를 찍기만 하면 된다. 그럴 경우 이 전표를 처리하는 담당직원은 아침 8시부터 저녁 5시까지의 업무시간 중 오전, 오후, 점심때의 휴식시간이 얼마나 됐는지 조사해 그 시간을 하나하나 공제하여 실제 작업시간을 다시 계산해야 한다. 업무량이 굉장히 늘어날 수밖에 없다.

그러나 타임 레코더가 '실제 작업시간을 파악하기 위한 것'이라고 목적을 규정한다면 아침 8시에 타임 레코더를 찍을 때 0으로 기록되게 하고 오전, 오후 휴식시간에는 사이렌 소리와 함께 공장의 타임 레코더를 일제히 멈추게 하면 어떨까? 그 후에는 저녁 5시에 타임 레코더를 찍을 때 예를 들어 7.5라고 기록되게 하고 이것을 컴퓨터에 입력한다면 매우 간단하게 작업시간을 측정할 수 있다. 이 사실을 여러 사람에게 말해주자 멋진 아이디어라며 당장 그런 목적의 제품을 만들어 보겠다는 대답을 들었다.

이 회사는 즉시 설계변경을 시작해 2개월 후에 시범기기를 완성하고 내게 참관초청 안내문을 보냈다. 그런데 다시 이 회사를 방문해 시범기기를 살펴보자 놀랍게도 그 타임 레코더에는 여전히 시계가 붙어 있는 것이었다. 시간을 측정하기 위한 것(목적)이지, 시간의 경과를 알기 위한 것도 아니고 시간을 기록하는 것(기능)도 아닌 타임 레코더에 여전히 시계가 달려 있는 것은 무슨 까닭인가? 시범기기가 완성됐다고 기쁘게 전화해 준 것은 도대체 어느 회사 사람이었단 말인가?

당시까지도 설계담당자의 머릿속에는 타임 레코더와 시계는 불가분의 관계라는 관념이 뿌리 깊게 박혀 있었던 것이다. 타임 레코더는 시간의 경과를 측정하는 것이 아니라 작업시간의 총량을 측정하는 기계이니 시계는 전혀 필요 없다는 사실을 내가 일러주자, 사람들은 그제야 깨달았다는 표정을 지었다. 이렇게 타임 레코더의 원가절감문제는 깨끗이 해결됐다.

꼭 뜨거운 물에만 들어가야 목욕이라 할 수 있나 —————

이런 실례로도 알 수 있듯 기능에만 신경을 쓰면서 상품을 개선하려고 하면 종전과 동일한 기능을 하는 대체안만이 떠오른다. 하지만 한 걸음 나아가서 목적이란 무엇인가, 이 상품의 궁극적인 목적은 어디에 있는가 하는 점에 초점을 맞추고 연구해보면 이전의 제품과는 전혀 다른, 좀 더 획기적인 신제품 개선안이 떠오를 수 있다.

쥐덫의 기능을 단지 '쥐를 잡는 것'이라고 규정하고 연구를 하면 고작해야 쥐덫의 스프링을 좀 더 강하게 하고 쥐덫의 크기를 크게 하자는 개선안이 나올 뿐이지만 '쥐덫은 쥐를 죽이는 것'이라고 목적을 규정하면 전기충격식과 척살식 등 여러 가지 방식을 도입할 수 있는 것이다.

자동차의 히터 역시 마찬가지다. 히터의 기능은 차내에 열풍을 공급하는 것이라고 규정하면 열풍을 뿜어내기 위해 팬을 사용할 것인가, 또는 부채처럼 위아래로 부쳐서 보낼 것인가 하는 방법만이 고려되겠지만 히터의 목적을 '차를 탄 사람을 따뜻하게 해주는 것'이라고 보게 되면 좌석 전체를 전열시트로 바꿔 따뜻하게 한다는 등의 완전히 다른 방식, 획기적 방안도 고려할 수 있게 된다.

북유럽이 원조인 사우나탕은 목욕에 대한 우리의 고정관념에 근본적인 전환을 준 방식이다. 우리는 흔히 목욕이라고 하면 뜨거운 물속에 온몸을 담그고 몸을 덥혀서 혈액순환을 촉진하고 땀을 빼는 것이라고만 믿어왔기 때문에 목욕과 물은 불가분의 관계로 맺어져 있다고 생각한다. 그러나 한국의 한증(汗蒸)이나 북유럽의 사우나는 뜨거운 물이란 어디까지나 방법이나 수단일 뿐 진정한 목적은 '혈액순환촉진, 발한, 때 씻기'에 있다는 사실을 깨닫게 한다. 이처럼 목적만을 생각한다면 구태여 열에너지를 사용하지 않고도 약품을 복용함으로써 혈액순환을 촉진시키고 땀이 많이 나게 하여 때를 미는 방법도 개발될지 모르는 것이다.

이와 같이 목적 중심으로 사고를 전개할 것인가, 기능과 작용을 중심으로 사고를 전개할 것인가 하는 문제는 근본적이며 중대한 문제이다. 어느 쪽을 택하는가에 따라 방향과 결론이 크게 달라지기 때문이다. 기존 제품과는 전혀 다른 창의적이고 획기적인 제품을 개발하고 싶다면 목적을 중심으로 사고를 전개해야 한다. 그러나 단지 기존제품을 개량하고 개선하여 원가절감만 하고 싶은 경우에는 작용과 기능을 중심으로 생각하는 것이 좋은 방법일 것이다. 요컨대 어떤 제품을 만들 것인가 하는 자신의 목적을 처음부터 확고하게 설정하고 인식해야 하는 것이다.

면도칼에 베이다

가내수공업보다 비싸고 오래 걸리는 전자동기계 _____

전기면도기, 전기칫솔, 전기지우개 등 일용잡화의 전기화가 빠르게 이뤄지고 있다.

그러나 아무리 고성능·다기능의 전기면도기가 개발된다고 하더라도 인간의 얼굴이라는 것은 매우 섬세하기에 목덜미나 구레나룻, 또는 눈썹을 다듬을 때는 아무래도 면도칼이 필요한 경우가 있다.

한 개에 10엔이라는 값싼 상품이어서 그런지 도회지에 있는 한 회사의 간이 면도날은 제법 많이 팔리고 있었다. 그런데 어느날 그 회사의 기술부장이 내게 전화를 걸었다.

"선생님, 자동포장기계의 설계전문가를 한 분 보내 주실 수 없겠습니까?"

그 무렵만 해도 자동포장기의 설계전문가라고 내세울 만한 권위자는 구할 수 없었다. 마침 다음 주에 내가 그 회사 근처에

갈 일이 있으니 한번 들르겠다고 대답했다. 약속대로 그 회사를 방문해서 여러 가지 설명을 듣던 중 나는 웃음을 터뜨리지 않을 수 없었다. 이 회사의 최대 문제점은 마지막 포장과정에 있었는데 그것에 대처하는 방법이 어처구니없었기 때문이다.

매출이 별로 많지 않던 무렵에는 면도날과 포장봉투를 각각 100개 단위로 담아서 소형트럭에 실어 이웃 주택단지의 주부들에게 부업으로 포장의뢰를 했고 주부들은 본인의 집에서 포장봉투에 면도날을 하나하나 담았다고 한다. 별로 어렵지 않은 일이라서 TV를 보면서도 할 수 있었고 어린이들도 쉽게 배워서 할 수 있었기 때문에 부업 임금은 매우 저렴한 편이었다. 일이란 종이봉투를 입으로 불어서 틈이 벌어지면 그 틈으로 면도날을 넣는 것이었다.

그런데 이 가내부업에는 두 가지 문제점이 있었다.

1. 포장수량이 증대됨에 따라 이웃 주택단지 주부들의 가내부업만으로는 작업량을 충당할 수 없게 됐다. 그래서 4~5킬로미터, 때로는 10킬로미터도 넘게 멀리 떨어진 주택단지, 아파트단지에까지 면도날과 봉투를 실어다 주고, 또 실어 오게 되니까 운반수송비가 늘어났다.

2. 물가와 급여가 오르다 보니 주부들이 임금을 2엔, 3엔으로 올려 달라고 요청하는데 마지못해 2엔으로 올려 주면 100%의 원가상승요인이 된다. 또한 얼마 후에는 아예 4엔, 5엔으로 올려 달

라고 할 것이 뻔하다.

기술부장은 이렇게 품이 들고 위탁가공비용이 올라서는 채산성(경영에서 수지, 손익을 따져 이익이 나는 정도-편집자 주)이 없다고 생각했다. 그래서 하루빨리 자동포장기를 개발해서 포장작업의 자동화를 실현해야겠다고 사장에게 제안했다. 사장도 그의 제안에 동의하고 회사의 설계기사와 자동포장기 전문회사의 직원을 불러들였다. 두 사람은 힘을 합해 자동포장기의 설계를 끝내고 회사는 곧바로 대량 발주를 했다.

이런 경우 일반적으로는 우선 1대만 시범기기를 제작해서 테스트를 충분히 해보고 완전히 성공했다는 판단이 들었을 때 비로소 필요한 대수만큼 제작하는 것이 상식이다. 그런데 기술부장은 너무나 다급했던 나머지 시범기기를 한 번에 5대나 발주해버렸다.

이 자동포장기의 원리는 이렇다. 기계의 한쪽에 포장봉투를 수북하게 쌓아 놓고 진공 흡착기가 포장봉투를 하나씩 집어 올려 옮기면 또 다른 튜브에서 공기를 분출시켜 포장봉투를 열고, 열린 틈으로 면도날을 넣은 다음 컨베이어 위에 떨어뜨려 옮기는 것이다.

그러나 실제 작업에서는 일이 순조롭게 이뤄지지 않았다. 왜냐하면 종이로 만든 포장봉투의 품질이 균일하지 않기 때문에 쌓아 놓은 포장봉투 두 장이 한꺼번에 붙어서 진공흡착기에 빨려

올라갈 때도 있고 또 공기를 분출시켜도 봉투가 열리지 않는 경우가 생겼던 것이다. 이것은 종이봉투의 풀칠이 잘못되어 있기 때문이었다. 두 장짜리 또는 벌어지지 않은 포장봉투가 왔음에도 불구하고 면도날은 지정된 위치에 자동으로 밀어 넣어졌다. 이렇게 되면 당연히 면도날은 작동하는 기계 위에 떨어질 수밖에 없다. 이로 인해 기계마저 고장이 나게 생겼다. 작업자는 그때마다 기계를 세우고 부서진 면도날 조각을 빼내기 위해 기계를 분해해 청소한 다음 다시 가동시켰다. 그러다 보니 작업 능률은 저하되고 기계의 정지, 수리, 재가동을 신속히 하기 위해 1대당 3명의 작업자가 배치되기까지 했다. 고장이 났을 때 기계를 정지하는 일은 혼자서도 되지만 분해와 청소는 2명이라야 하고 재가동을 위해서는 3명이 필요했기 때문이다. 고장, 분해, 조립을 하는 과정에서는 일손이 남는 1명이 수작업으로 후후 공기를 불어가며 포장작업을 하는 웃지 못할 광경까지 펼쳐졌다. 딱하다고 해야 할지 한심하다고 해야 할지 참으로 기막힐 지경이었다.

면도칼에 베어 피를 흘린 경영 ────────

보다 못한 사장이 "이 자동포장기는 평균가동률이 몇 %인가?" 묻자 작업자가 대답했다.

"고작해야 25%밖에 안 됩니다. 5대가 제대로 돌아가는 경우는 별로 없으니까요."

"그게 도대체 무슨 소리야? 그러고도 자동포장기라고 할 수 있겠나?"

사장은 역정을 냈다. 그러자 작업자가 서둘러 대답했다.

"사장님, 이 자동포장기는 절대로 잘못된 게 아닙니다. 문제는 포장봉투의 품질이 고르지 못하고 풀칠이 잘못되어 있기 때문입니다. 자, 이제 한 번 보십시오."

그는 이렇게 말하고 품질이 고른 포장대만을 골라서 시험해 봤다. 그러자 포장이 백발백중 제대로 잘 됐다.

"어떻습니까, 사장님? 잘 보셨지요?"

이 과정을 지켜본 사장은 곧 구매담당자를 불러 엄명을 내렸다.

"포장대의 품질검수를 철저히 해서 불량품은 모조리 반품 처리하게!"

그러자 4, 5일 후 구매부장이 사장에게 하소연했다.

"사장님, 품질검수를 엄격하게 했더니 업자가 납품을 못하겠다고 합니다. 다른 업자에게 견적을 내라고 했더니 그런 품질조건이라면 원가가 10엔 이상 더 올라간답니다. 그럴 거면 차라리 예전처럼 가내부업으로 돌리는 것이 싸게 먹힐 판입니다."

이럴 수도 저럴 수도 없게 된 사장이 즉시 기술부장을 불러 "JEMCO의 사토사장에게 자문을 받아 보시오"라고 지시해서 내가 나서게 된 것이다.

내가 웃음을 터뜨릴 수밖에 없었던 이유는 무엇일까? 이 자동포장기를 설계한 회사 설계기사와 자동포장기 회사도, 포장반의 작업자도, 구매부장도, 기술부장과 사장까지도, 모두 면도날을 포장봉투 속에 집어넣어야 한다는 생각에만 사로잡혀있었기 때문이다.

도대체 포장의 목적이란 무엇인가? 그것은 안전을 도모하고 외관을 좋게 하기 위한 것이다. 그렇다면 굳이 포장봉투 속에 집어넣지 않더라도 목적을 달성할 방법이 얼마든지 있지 않을까? 그렇다면 더 편리하고 원가도 싸게 먹히는 방법이 나올 수 있을 것이다.

결론부터 말하자면 비닐시트 위에 면도날을 일정한 간격으로 늘어놓고 그 위에 다시 투명비닐시트를 덮어서 고주파접착기로 접착포장한 다음, 하나하나 뗄 수 있도록 절취선가공을 함으로써 문제를 간단히 해결했다.

그때까지 이 회사에서는 목적을 생각하지 않았기 때문에 1천만 엔 이상의 자동포장기 제작비가 허망하게 낭비됐고 사장 이하 모두가 면도칼에 베어 피를 본 셈이 되었다.

작업의 목적은 무엇인가?

대증요법은 근본적인 해결책이 아니다 _____

미국의 모겐센은 『작업간소화계획』이라는 저서에서 '작업에 가장 중요한 것은 작업의 목적은 무엇인가를 생각하는 일이다'라고 강조했다.

그러나 유감스럽게도 대부분의 기업에서는 아직도 이와 같이 원점에 서서 작업을 설계한다는 정신이 부족하다. 작업이란 본래 목적에 합치되는 부가가치를 덧붙이는 일이다. 그런데 결코 목적에 부합하는 부가가치가 아님에도 불구하고 마치 그것이 작업의 목적인 양 착각하는 사례가 흔히 있다.

어떤 회사의 공장에서는 샤프트에 고무를 싸는 공정이 있었다. 그 작업의 목적으로 보아서는 어떻게든 샤프트를 고무로 둘러싸야만 했다. 그런데 고무로 싸기 직전의 공정에서 샤프트 표면의 녹을 제거하기 위해 작은 금속 알갱이를 녹슨 표면에 투사시키는 작업을 하고 있었다.

"어째서 그런 작업을 하는 것입니까?"

내가 이렇게 묻자 작업자가 대답했다.

"이 샤프트의 산화피막을 벗겨내지 않으면 고무가 제대로 접착되지 않기 때문입니다."

기업에서 일하는 사람들은 모두 한결같이 이렇게 대답할 것이다. 그래서 내가 다음과 같이 다시 물었다.

"이 작업의 목적은 샤프트의 녹을 떼어 내는 것이 아니지 않습니까? 샤프트를 고무로 싸기만 하면 되는 것이지요. 만약 샤프트가 녹슬지만 않는다면 이런 작업은 필요 없을 테니, 샤프트를 녹슬지 않게 하는 방법을 강구하는 게 더 근본적인 조치가 될 텐데요. 그렇지 않습니까?"

"하긴 그렇군요."

작업자는 고개를 끄덕였다.

그 후 이 기업이 어떤 방법으로 샤프트에 녹이 슬지 않게 하고 손쉽게 고무피복을 하는 개선방법을 개발했는가 하는 점은 그 회사의 기업비밀이기 때문에 여기서 소개할 수는 없다. 하지만 이 글을 읽는 독자께서는 방법이 얼마든지 있음을 잘 아실 것이다.

이번에는 면이나 혼방 및 화학섬유에 여러 가지 무늬와 색상을 넣는 염색가공 공장에서 다음과 같은 일이 있었다. 그 공장에서는 원단 위에 나염틀을 올려놓고 프린트할 때, 염료가 원단의 뒷면까지 스며들지 않도록 원단 밑에 모직원단을 깔아 놓았다.

말하자면 흡습지와 같은 구실을 하는 것인데 "어째서 모직원단을 깔았습니까?" 하고 묻자 "스며들어간 염료를 모직 원단으로 빨아들이지 않으면 다음에 나염할 원단에 염료가 묻어서, 불량이 되기 때문입니다"라는 대답이 돌아왔다.

그런데 이 작업의 목적을 곰곰이 생각해 보면 원단에 날염을 하는 것이 목적이지 스며든 염료를 빨아들이게 하는 것이 목적은 아닐 것이다. 바꿔 말하면 염료가 스며들지 않게 하기 위해 어떤 방법이 있는지 연구해야 한다는 것이다. 여하간 이 경우 역시 작업의 목적이 어디 있는가를 생각하지 않고 현상에만 몰두하는 데서 오는 결과이다.

이처럼 작업을 할 때는 우선 그 작업의 목적이 무엇인가를 충분히 검토할 필요가 있다. 예컨대 기계공장의 천공작업장을 생각해 보자. 구멍을 뚫을 때는 어떻게 해야 정확하게 구멍을 뚫을 수 있는지, 어떻게 빨리 구멍을 뚫을 수 있는지 궁리하게 된다. 그런데 그 작업의 목적이 구멍을 '뚫는 것'이 아니고 구멍을 '만드는 것'이라고 정의한다면 굳이 구멍을 뚫지 않아도 여러 가지 방법을 구상해볼 수 있을 것이다.

이처럼 작업의 목적부터 올바르게 정의내리면 그 다음에 할 일은 목적을 수행하기 위한 올바른 작업기능을 설정하는 일이다. 그 다음에야 비로소 최선의 시스템 연구를 진행할 수 있다.

종전의 방법에서 탈피하라 _____

이번에는 방적회사로부터 작업개선 지도 요청을 받고 공장을 방문했던 이야기를 해보고자 한다. 그 공장의 개선테마 중 한 가지가 원사를 감는 작업이었다. 이 작업개선추진에는 한 가지 부대조건이 있었다. 공장 설비가 상당히 노후돼서 제품의 수명이 앞으로 2년 정도이니 기계설비의 개선이 아니라 작업방법의 개선을 통한 인력절감을 실현시켜 달라는 것이었다. 작업현황은 다음과 같았다.

우선 보빈(bobbin)이 회전해서 이 보빈에 원사가 충분히 감기면 기계는 자동으로 정지한다. 이때 작업자는 원사를 칼로 끊고 보빈을 스핀들(spindle)에서 빼내어 옆에 올려놓는다. 그리고 또 다른 보빈을 집어서 아까 끊었던 실을 보빈의 중심에 10회쯤 감은 다음 스핀들에 꽂고 스위치를 눌러 작업을 다시 시작한다. 매우 간단한 작업순서였다. 작업자 중의 한 사람이 내게 이렇게 물었다.

"이 작업의 지도서에는 보빈의 중심에 실을 10회 감는다고 되어 있는데 제 생각에는 8회만 감아도 되지 않을까 싶습니다. 어떻게 생각하시나요?"

확실히 그것도 개선방법 중의 한 가지이긴 하지만 본질을 꿰뚫는 것이라고는 볼 수 없다. 그래서 "우선 목적부터 생각하고 이를 위해 필요한 작업기능을 설계하는 것이 좋겠습니다"라고 말한 뒤에 다음과 같이 작업기능을 설계했다. 이 작업의 목적은 '실을 감는 일'이다. 그 목적을 수행하기 위해 필요한 작업기능을 생각해보면 다음과 같다.

1. 보빈을 고정시킨다.
2. 실끝을 고정시킨다.
3. 보빈을 회전시킨다.
4. 실을 끝까지 감았으면 회전을 정지시킨다.
5. 실을 끊는다.
6. 작업이 끝난 보빈을 벗겨 낸다.

이렇게 기능설계를 하고 난 뒤에는 하나하나의 기능에 대해 최선의 시스템(최량의 작업방법)을 연구해야 한다. 이 최선의 시스템이란 각각의 기능을 가장 경제적으로 구체화시킨 것이라고 할수 있다. 모조리 설명하려면 너무 길어지기 때문에 여기서는 그중의 한 가지 기능인 '실 끝을 고정시킨다'는 기능만을 다루어 보고자 한다.

앞서 말한 작업자처럼 실을 10번 감던 것을 8번 감고도 보빈에 고정할 수 있지 않겠느냐 하는 발상도 있겠지만, 실을 고정하는 것이 목적이라면 구태여 보빈에 10번씩 감지 않아도 된다. 핵심은 실 끝을 보빈에 고정시키기만 하면 되는 것이다. 그렇게 하기 위한 여러 가지 방법을 고려해보자.

- 보빈의 틈에 실을 걸어서 고정한다.

- 보빈에 매직테이프를 붙여, 테이프에 실 끝을 고정시킨다.

- 보빈에 후크(hook)를 붙여, 후크에 실 끝을 고정시킨다.

- 보빈과 스핀들 사이에 실을 끌어당겨놓고 보빈의 무게로 고정시킨다.

이렇게 전에 없던 새로운 방법을 발견할 수 있다. 그런데 대부분의 기술자, 작업자들은 그간 해오던 방식에만 얽매여 예전의 생산방법을 분석하거나 동작분석을 통한 경제화만을 시도하는 경우가 많다. 그러나 나는 우선 작업의 목적을 생각하고 이를 위해 필요한 작업기능은 무엇인지 파악하여 그 하나하나의 작업기능에 대해서 최선이라고 생각되는 경제적 시스템을 설계하는 것이 가장 중요하다고 본다.

작업의 가치를 추구하자

소비자가 돈을 지불하지 않는 작업을 없애라 _____

목적을 갖는 작업이란 대상물에 어떤 가공·변형·조립·분해 따위의 작업을 통해서 부가가치를 부여함으로써 그 작업이 보수의 대상이 되는 것이며 작업의 의의 또한 거기에 있다고 할 수 있다.

그러나 그 작업을 하기 위한 준비라든가 운반·저장·정체·검사가 필요하다고 보는지 아니면 그런 일은 본래 필요 없다고 보는지에 따라 결과가 크게 달라질 것이라는 점을 강조하고 싶다.

작업의 결과로 생산된 물품을 구매자의 입장에서 보도록 하자. 구매자는 그 제품 또는 공사결과에 대해 대금을 지급하는 것이지, 그 일의 과정에 대해서까지 돈을 지급하는 것은 아니지 않나? 만약 우리가 이사를 하는 경우, 이삿짐을 목적지로 운송할 때의 운송은 당연히 대금 지급의 대상이 된다. 하지만 공장 구내의 부품과 제품은 아무리 이리저리 옮겨 놓더라도 거기서 발생한 운반 코스트는 어떤 부가가치도 발생시키지 않는다. 그래서 소비자는 "그것은 댁의 사정이니 돈을 지급할 수 없소"라고 말하는 것이 상식이다. 또한 물품을 생산하는 과정에서 작업자가 아무리 눈을 부릅뜨고 검사를 했더라도 소비자가 검사를 의뢰한 것이 아니고, 설사 검사를 하지 않았더라도 품질만 좋다면 소비자는 그것으로 만족한다.

이처럼 구매하려는 고객의 관점에서 보면 가공 및 변형 따위로 가치가 부가되는 것에 대해 대가를 지급하는 것이지, 그 기업 내에서 발생하는 코스트에 대해서까지 지급하는 것은 아니다.

일반적으로 대부분의 기업에서는 이와 같은 준비, 운반, 정체, 저장, 검사 등의 일을 어떻게든 합리적으로 줄여보려는 생각을 가지고 있다. 하지만 이런 일들은 본래 필요 없는 것이니까 완전히 없애야겠다는, 목적에 입각한 근본적인 고민은 덜 하는 경우가 많다. 이런 점이 가장 먼저 지적하고 싶은 점이다.

이렇게 생각하면 절대적으로 필요한 것은 작업 그 자체라는 결론이 나온다. 앞서 말한 것처럼 작업 그 자체의 목적이 무엇인지 생각하고 그 목적에 부합하는 작업의 경우라면 당연히 가치가 있다고 인정된다. 반면에 목적을 수행하지 못하는 작업은 (예컨대 이 책에서 든 볼트와 너트의 결합) 당장에 집어치워야 한다. 이것이 두 번째 요점이다.

또한 어떤 것은 목적을 수행하는 작업이라 하더라도 그 방법이 문제가 되기도 한다. 예를 들어 작업 중에 '지켜보기만 하는 작업'이 차지하는 비중이 너무나도 크다. 이런 작업은 아무런 가치도 낳지 않고 시간만 낭비한다.

한 번이라도 도로공사의 현장을 본 적이 있다면 잘 알겠지만 불도저 같은 건설기계는 쉬지 않고 가동되는 반면, 그 주위의 수많은 작업자들이 가만히 서서 건설장비를 구경만 하는 경우가 있다. 물론 힘들어서 잠시 쉬는 경우도 있을 것이다. 하지만 어떤 사람은 온종일 건설장비를 구경만 하는 극단적인 사례도 있다.

이런 게 완전한 낭비라고 말하는 이유는 그들이 아무런 가치도 낳지 않고 있기 때문이다. 이것은 사람의 경우뿐만이 아니라 설비기계에 대해서도 똑같이 말할 수 있다. 작업자는 열심히 일하는데 값비싼 설비, 기계, 도구, 재료는 꼼짝도 않고 노는 경우가 있다. 가격 폭등이 예상돼 도구와 재료를 매점해 놓은 것이라면 모를까, 불필요하게 많은 재고가 쌓여 있으면 그것 역시 시간이 경과함에 따라 낭비 코스트만 발생시킨다. 이처럼 '아무 것도 하지 않고 가만히 있는 작업'을 없애는 것이 세 번째 요점이다.

그렇다면 목적에 부합되고 '지켜보기만 하는 작업'도 없다면 완전한 작업이라고 할 수 있을까? 꼭 그렇다고 단언할 수도 없다. 문제는 그 밖에도 또 있기 때문이다.

목재를 톱으로 켜는 작업이 있다고 해보자. 이것을 어떻게 평가해야 하는가? 사실 이것 역시 반만 일하는 셈이다. 톱을 당겨서 켤 때는 목재가 켜져서 부가가치가 발생하지만 밀 때는 인간의 에너지만 소모되고 작업상의 가치는 생기지 않는다. 따라서 제재작업은 기계톱에 의한 작업일 때 비로소 100% 작업이요, 인력으로 켜는 것은 50%에 불과하다. 줄로 연마를 하는 경우 역시 50%의 작업이라고 봐야 한다.

그래서 요즘에는 운송회사도 지점망을 통해 위탁 운송하물을 집하하여, 편도수송이 아니라 왕복수송을 한다. 그런데도 오늘날 얼마나 많은 제조업체, 특히 식품회사들이 세일을 하겠다며 편도수송을 하고 있는가?

다음에는 볼트와 너트의 체결작업을 예로 들어보자. 몽키스패너로 너트를 조인다고 하면 실제의 부가가치는 조이는 순간에만 생긴다. 몽키스패너에 손을 뻗어서 손가락으로 잡고 너트나 볼트에 맞춰 돌려서 조인 다음 다시 원위치로 돌아가는 과정은 분명히 필요한 작업동작이긴 하다. 하지만 조이는 순간 외에는 모든 것이 무가치한 동작이다. 그러고 보면 몽키스패너의 체결작업은 전체 동작 중 10% 정도만이 부가가치를 낳고 있는 것이다. 따라서 이것을 스패너로 바꾸면 20%로 향상되고 다시 래치트 렌치(ratchet wrench)로 바꿔 찰칵찰칵 왕복동작으로 조이면 작업 가치가 50%로 올라가며, 이것을 너트 런너(nut runner)로 조이면 80%의 작업 가치를 낳게 된다.

작업동작을 좀 더 경제적으로 만드는 기업의 IE기사들 중에서도 아직 이런 점을 알아차리지 못한 사람들이 수두룩하다. 그 이유는 이른바 동작분석의 창시자라고 하는 길브레스(Frank Bunker Gilbreth)라는 사람의 영향을 잘못 받았기 때문일 것이다.

그는 다음의 7가지 동작만이 인간의 작업에 절대적으로 필요한 것이라고 보았다.

1. 손을 뻗는다.
2. 잡는다.
3. 옮긴다.
4. 조립한다.
5. 분해한다.
6. 놓는다.
7. 사용한다.

그러나 나는 이런 방식의 사고는 잘못된 것이라고 본다. 작업에 필요한 건 '사용한다'고 하는 부가가치의 생산행위 뿐이다. 그밖에 '손을 뻗는다', '잡는다' 따위의 동작은 절대적으로 필요한 동작이 아니다.

예컨대 기계·금속분야의 기업들 대부분은 세이퍼라는 공작기계를 갖고 있다. 어느 공장에나 이 기계가 한두 대씩은 있는데 이런 설비는 내가 보기에 최악이다. 이 기계는 작업-낭비-작업-낭비만 되풀이하고, 작업자는 그 절삭과정을 가만히 서서 구경만 한다. 낭비의 연속이다.

우리가 연료를 넣기 위해 차를 주유소에 세우면 주유소 직원은 연료탱크의 마개를 열고 가솔린을 넣는 동안에도 가만히 서있지 않는다. 창을 닦아 주기도 하고 재떨이를 청소해주기도 한다.

서비스산업에서는 이와 같이 '사람과 설비의 동시작용'을 중요하게 여긴다. 즉 모든 행위를 서비스에 결부시켜서 대가의 대상이 되도록 노력하고 있다.

우리가 네 번째로 연구해야 할 것은 이처럼 가치를 낳고 있는 시간이 전체 작업시간 중에서 몇 %나 되는가를 철저하게 알아내고 모든 작업자, 모든 설비의 에너지를 가치 있는 동작에 결부시켜 노동효율을 더욱 향상시켜야한다는 것이다.

작업의 궁극적 역할은?

이렇게 검토한 끝에 궁극적으로 해결해야 하는 문제는, 가치를 낳는 동작시간을 어떻게 하면 더 짧게 줄일 수 있는가 하는 점이다. 이때 코스트가 더 들어가면 안 된다. 최소한의 코스트로 이를 달성하기 위해 어떻게 해야 하느냐는 것이 중요하다.

예컨대 어떤 선반 절삭작업의 경우를 살피면 선반을 처음부터 끝까지 절삭만 할 뿐이다. 물론 그 모든 소요시간이 가치를 낳는 시간이라고 볼 수도 있지만 절삭날을 거꾸로 붙여서 앞뒤에서 절삭하면 소요시간이 50%로 줄고 또 위아래에 절삭날을 고정시켜 절삭하면 25%의 시간으로 단축할 수 있다. 이것을 더 연구해서 한 개의 절삭날을 다단(多段)바이트로 해서 3단을 동시에 절삭하도록 하면 무려 12배의 절삭효율을 올릴 수 있을 것이다.

작업가치의 궁극이라는 것은 이처럼 어떻게 해야 부가가치를 낳지 않는 동작을 제로로 만들고 작업의 모든 동작이 가치와 결부되도록 할 수 있는지, 더구나 그것을 최소한의 코스트로 최소한의 시간에 가능하게 하려면 어떻게 해야 하는지가 될 것이다.

이런 진리는 영원히 변치 않을 것이다. 작업의 가치를 향상시킨다는 것은 결코 죽을둥살둥 맹렬하게 일하는 것이 아니다. 기를 쓰고 몸을 움직여 일하지 않더라도 근본적인 목적에 입각하려는 정신으로 일할 때 좀 더 편하게, 좀 더 큰 가치를 낳을 수 있다는 사실을 나는 굳게 믿는다.

의식개혁은 혁명처럼

증원이 필요없는 혁신 _____

의식개혁 없는 혁신은 단순한 노력의 연장선이다. 또한 이상론만
을 추구하는 것은 불가능하다.

모 회사의 사장이 "우리 회사의 가장 중요한 과제는 보다 높
은 수익원의 개발과 부가가치의 창출입니다. 이것을 실행해가고
싶은데 관리, 간접 부문과 서비스 부문이 아직 늦어지고 있습니
다. 이 부분의 컨설팅을 부탁드립니다"라며 내게 요청을 했다.

그 회사에 찾아가 활성화, 효율화, 부가가치화의 컨설팅을 한
결과, 기업의 수익에 공헌할 새로운 경영 과제에 필요한 요원이
수치상 400명 가까이 된다는 계산이 나왔다. 그러나 필요한 인원
을 재배치하는 단계에 이르자 각 부문에서 일제히 자신의 팀에서
는 인원을 빼낼 수 없다는 얘기가 들려왔다. 상당히 큰 저항을 표
시한 것이다. 이에 대해 사장은 간부, 관리직 사원을 모아서 이렇
게 통보했다.

"직원을 빼내고 싶지 않다면 팀 재배치는 하지 않아도 좋네. 그러나 내년도의 모든 과제는 계획대로 진행해야 하네."

중역, 간부들은 각각의 부문에서 어떻게 과제를 진행할 것인지를 검토한 결과 약간의 수정은 있었지만, 새롭게 200명의 사원을 모집하고 싶다는 인사안을 냈다. 사장은 "400명의 여력이 있을 것이니, 신입사원은 고려하지 마라"며 인사안을 걸어차고는 신규채용을 하지 않았다.

그로부터 일 년, 사원을 새로 채용하지 않은 채 각 부문에서 그럭저럭 대응하자 매출이 20%나 증가했다. 다음 연도에는 지연되었던 새로운 과제와 더불어 150명의 증원 계획이 나왔지만, 그 해에도 사장은 증원을 거부했다.

"아직 여유가 있지 않은가. 효율화의 결과를 유야무야해서는 안 되네."

결국 그는 단 한 명도 채용하지 않았다. "비만 체질을 슬림화하는 노력은 아직도 불충분하다"며 무서운 결단력을 실행으로 보여준 사장 덕분에 사원들의 의식은 완전히 바뀌었고, 실적은 훌륭하게 신장되었다. 그후 사장은 나에게 "2년간 고생시키기는 했지만 직원들의 업무에 대한 의식이 완전히 바뀌었습니다. 이제 내년에는 새로운 사장에게 지위를 넘겨도 될 것 같군요"라고 말하며 웃음 지었다.

이해를 해야 납득할 수 있다 _____

모 회사의 영업 전무로부터는 이런 의뢰를 받았다.

"저희 회사 A부문의 영업 실적은 연 200억 엔으로, 전국에서 200명의 세일즈맨이 활동하고 있습니다. 이는 한 사람당 1억 엔의 매상에 해당됩니다. 다른 회사에 비해 성적이 좋다는 생각은 들지만, 사장님께서 좀 더 높이라는 지시를 내리셔서요. 어떤 방법이 있는지 도와주셨으면 합니다."

조사해 본 결과 A부문 매상의 80%에 해당하는 160억 엔은 백화점, 슈퍼마켓, 전문점의 주문에 의한 것으로, 업무는 세일즈라기보다는 추가 주문에 대한 접수, 준비, 출고, 수금이 중심이었다. 이는 세일즈가 아닌 '배송'에 가깝다. 나머지 40억 엔이 본래의 세일즈에 의한 결과였다. 나는 '일 년 앞의 일도 예측할 수 없는 시대에, 높은 급여를 받으면서 배송이나 하는 수준의 의식으로는 위험하다'며 의식개혁을 강하게 호소했고, '배송'의 차원을 넘어선 행동 개혁에 힘을 쏟아야 한다는 방침을 제시했다.

사장도 불호령을 내렸다.

"조사를 해보니 백화점, 슈퍼마켓, 전문점 관련 세일즈맨의 생산적인 영업 활동은 겨우 14%이고, 이후의 관련 업무가 86%나 된다는 이야기를 들었다네. 이런 인식으로 어떻게 살아남겠는가!"

86%에 포함되는 업무는 세일즈맨의 이동 시간, 기다리는 시간, 상담 불이행 손실, 보고 업무, 자료의 작성, 관련 리스트 작성,

협의 미팅, 견적서 검토와 작성, 전화 연락, 카탈로그 정리, 청구서 작성, 정산 업무, 복사 등등 사소한 일들이었다. 이 사실을 안 세일즈맨들 당사자의 쇼크도 컸다.

사장은 검토회에도 반드시 참석해서 개혁안의 시비, 그리고 그 진행 상황을 지켜봤다. 밤늦게까지 이루어지는 진지한 토론을 통해 세일즈맨들의 의식도 완전히 변했다. 사장의 단 한마디에 의한 의식개혁의 단행이 효과가 있었던 것이다. 그후 그 회사에서는 대개혁이 진행되었고, 지금은 다시 태어난 업무 방식으로 약진하고 있다.

사무실에서 나온 60톤의 쓰레기 _____

이번에는 위의 예에 나온 사장만큼 강경하고 추진력 있는 다른 회사의 상무 이야기를 해볼까 한다. 내가 한 회사에서 사무의 개혁에 관한 이야기를 했을 때 책임자였던 상무가 이런 약속을 했다.

"선생님의 이야기를 듣고 우리들이 먼저 무엇을 해야 하는지 잘 알 수 있었습니다. 조금 기다려주시면 반년 후에 선생님이 말한 방법을 해보겠습니다."

그 이후 상무는 곧바로 본사의 사무직 과장 200명에게 "서고, 책꽂이, 로커를 총점검해서 회사에 불필요한 서류를 정리하고, 물심양면의 정리, 정돈을 하자"고 말했다. 그로부터 2주가 지난 후

전원이 폐기한 불필요한 서류가 약 1톤이나 나왔다.

그런데 그는 거기에 만족하지 않았다.

"불필요한 것들이 겨우 1톤일 리 없잖나. 이런 낮은 의식으로는 곤란해. 이 작업을 다시 한 번 해보자. 이번에는 방법을 조금 바꾸는 게 좋겠어. 앞으로는 업무를 볼 때 매일 서고, 책꽂이, 로커에서 필요한 파일을 꺼낸 다음에 사용하자. 그리고 하루의 업무가 끝났을 때, 그 파일을 제자리에 돌려놓지 말고 책상 위에 두는 거야. 다음날은 또 다음날대로 필요한 파일을 꺼내 책상 위에 두고. 그렇게 하면 며칠 내내 책꽂이에 꽂혀만 있는 파일은 한 번도 사용하지 않았다는 것을 알 수 있을 걸세."

그로부터 삼 개월 동안 큰 소동이 일었다고 한다. 필요한 서류를 찾을 수가 없다는 불만의 목소리에도 상무는 완고하게 자신의 말을 밀어붙이면서 타협하지 않았다. 그리고 삼 개월이 지난 어느 날, 상무는 총무 부장, 과장 등과 함께 접착 테이프를 들고 사무실을 돌면서 책장문을 고정하기 시작했다. 그것을 본 다른 직원들이 물었다.

"상무님, 지금 뭐 하시는 겁니까?"

"한 번도 사용하지 않아 책꽂이에 남아 있는 서류를 버리려고 하네."

깜짝 놀란 직원들이 상무를 붙잡았다.

"상무님, 기다려 주십시오. 서류를 다시 한 번만 보게 해주십시오."

"그건 안 되네."

상무는 직원들의 요구를 무시하고 서류를 과감하게 버렸다. 그 서류의 총량은 60톤. 빈 서고와 로커, 책꽂이가 200개에 달했다고 한다.

모든 직원들이 날마다 "상무님이 엄청난 짓을 했다. 필요한 서류가 없어서 곤란하다"고 불만을 토로했지만, 상무는 "그깟 일로 우리 회사가 무너지겠는가"라며 상대도 하지 않았다고 한다. 그리고 실적은 계속해서 올라갔다.

이 예시는, 상무의 의견을 이해는 하지만 그것을 정말 진실로 납득한다는 것이 얼마나 어려운 일인지를 알려 준다. 이런 일들을 겪은 후, 이 회사에서는 합리화가 본격적으로 빠르게 추진되었다. 그것은 회사의 전원이 이해에서 납득의 세계로 들어선 후였기 때문이다.

위에서 예로 든 바와 같이, 의식개혁에는 시간이 걸리더라도 하나하나 끝까지 하는 타입, 먼저 대표가 리더십을 발휘해서 강력하게 해나가는 타입 등 여러 가지 방법이 있다. 각각의 방법이 많이 달라 보이지만 근본적인 목표는 하나다. 정신과 습관을 모두 바꾼다는 것이다.

개혁은 현상 부정으로부터 시작된다

경영자가 늘 깨어 있어야 하는 이유 _____

과감한 개혁을 행동으로 옮기려면 기업의 간부는 리더, 책임자로서의 마음을 구축하는 것이 필요하다. 이를 위해서는 먼저 이념이나 철학을 확실하게 지니고 있어야 한다. 그 다음에야 비로소 구체적인 행동으로 옮길 수 있는데, 주어진 과제를 해결할 때 종종 효과적인 방법은 관계자 전원을 소집해서 오리엔테이션을 하고 사상을 통일하는 방법이다. 이것만으로도 약간의 개선 효과는 있을 것이다. 그러나 확실한 개혁까진 어렵다는 것을 알아둬야 한다. 의식개혁이란 기업으로서 상당한 고통을 동반한다는 각오를 하지 않으면 안 되는 중요한 사항인 것이다.

그러면 어떻게 행동해야 하는지를 나의 오십 년의 개선, 개혁의 경험을 토대로 이야기해보겠다. 개혁 성공을 위한 최초의 두뇌적 행동은 현상을 명확하게 부정하는 것으로부터 시작한다. 현상 부정이란 말 그대로 지금의 방식이 올바르지 않다고 생각하는 것인데, 이 부분을 출발점으로 하는 것이 바로 첫 번째 단계이다. 간단해 보이지만 모든 것에 대해 철저하게 현상을 부정하는 것은 실로 어려운 일이다. 그러나 개혁을 하기 위해서는 현상을 부정하는 것이 필수조건이다. 현상 부정은 다른 말로 표현하면 과거와의 절연이다. 이 현상 부정이 이루어져야 비로소 새로운 사고를 시작할 수 있기 때문이다.

'지금의 방식은 옳지 않다'는 점을 이야기하기 위해, 몇 가지 예를 들어 함께 생각해 보자. 요즘 가정에서 사용하는 가전제품들은 상당히 진보했다. 고속 인터넷 시대를 맞이해서 디지털화도 일반화되었다. 그러나 오래전부터 사람들이 사용해온 선풍기는 거의 여름 한 계절밖에 사용하지 않는데도 백 년은 갈 것 같은 좋은 모터가 달려 있다. 잘 생각해 보면, 백 년을 사용할 수 있다고 해도 백 년 뒤에 과연 여전히 가정에 콘센트가 있을지 의문이다. 또한 세탁기의 세탁조는 앞으로 2~3년의 수명밖에 남지 않았는데, 모터는 20년을 쓸 수 있다는 것이 상품으로서 과연 좋은 품질이라고 할 수 있을까? 또한 5톤 트럭에 12톤, 13톤을 실어도 그 트럭은 아무렇지 않게 잘 달린다. 그것이 정말로 좋은 설계라고 할 수 있을까? 이처럼 모든 것을 '이런 일은 옳지 않다'고 부정함으로써 혁신·개선이 가능하다고 할 수 있다.

또한 기업 경영의 어려움으로 다음과 같은 것을 들 수 있다.

어떤 공장에서 생산이 멈췄다. 이유를 묻자 납기가 늦어졌기 때문이라고 한다. 상사는 관계자를 소집해서 납기 관리를 확실하게 하라고 말한다. 그래서 납기 관리가 시작된다. 다시 어느 날, 공장의 생산이 멈췄다. 이유를 묻자, 이번에는 외주로 받은 부품에 불량품이 있어서 라인이 멈췄다고 한다. 그래서 상사는 외주의 품질관리를 확실하게 하라고 말한다. 이렇게 매년 업무는 늘고, 이것이 습관화되어 버린다. 잘 생각해 보면 많은 기업에서 행해지는 업무 실태가 다음의 과정을 밟는다.

1. 경영자, 관리자들이 새로운 업무를 만들어낸다.
2. 경영자, 관리자는 무의식적으로 지금의 업무를 정당화한다.
3. 부하는 한번 하기 시작한 일을 좀처럼 그만두지 않는다.
4. 그 업무를 명령한 상사도 그만두라고 말하지 않는다.

아직도 일본 내 많은 기업에서 이런 광경을 흔히 볼 수 있다. 상부의 경영 이념, 경영 방침, 사업 방침을 현 시대에 맞추지 않는다면 아무것도 변하지 않는다.

모든 일에는 언제나 문제가 있다 ──────────

관리·업무·영업·서비스 부문을 개혁할 때 자주 사용했던 키워드는 '관리, 사무 부분을 절반으로 줄여서 무너진 회사는 없다', '두 과(課)를 하나로 통합했다는 이유로 도산한 회사는 없다'는 말이었다. 이렇게 거친 주장을 하는 이유는, '우리의 영업과 기술은 어느 회사보다 부지런하지', '매상이 늘어나지 않는 이유는 가격이 높기 때문이야', '우리 구매팀은 어느 회사보다 싸게 구입하고 있어'라는 일본 기업의 3대 주장이 터무니없음을 알려 주기 위해서다. 이처럼 의식이 전혀 없는 기업은 아무리 사무 분석을 해서 개선·개혁을 추진한다고 해도 효과가 전혀 나타나지 않는다.

몽골 제국의 칭기즈칸 하에서 재상이었던 야리츠 소자이(耶律楚材)는, '하나의 이익을 얻는 것은 하나의 해를 제거하는 것에 이르지 못하고 하나를 늘리는 것은 하나를 줄이는 것에 이르지 못한다'는 말을 남겼다. 끊임없이 변해가는 세상에 뒤쳐지지 않도록 개혁하는 것이 얼마나 어려운지를 잘 알려 주는 말이다.

하지 않으면 안 되는 업무들은 계속해서 생겨난다. 한 사람 한 사람이 현상을 부정한다는 말은 '지금의 업무 방식은 좋지 않다, 지금의 레이아웃은 좋지 않다, 지금의 조직이나 시스템은 좋지 않다, 지금의 물류는 좋지 않다, 지금의 재고는 좋지 않다…'는 생각을 계속해서 하는 것이다. 이러한 부정이 가능해지면 '새로운 사고'를 할 수 있게 된다.

현대 사회에서 사업 개선을 추진하는 것은 회사 전체가 하나가 되어 기업이나 사회에 가치가 있으면서도 의욕이 생기는 업무를 창조하고 회사를 활성화시키는 것이다. 따라서 여러 가지 문제를 극복하기 위해서라도 현상을 부정하지 않으면 안 된다.

도겐(道元) 선사의 말 중에, '도를 배우는 것은 자신을 배우는 것이며 자신을 배우는 것은 자신을 잊는 것이다'라는 가르침이 있다. 중국의 사상가인 후스(胡適)도 '의식 구조를 타파하려면 먼저 현상 부정부터 해야 한다'고 말했다. 이처럼 '지금의 방식이 최고가 아니다'라고 생각하는 것에서부터 개혁이 시작된다.

원점에 서서 목적을 생각하라

목적을 찾으면 방법이 보인다 _____

기업 혁신을 이루려면 부분적 개혁이 아니라 근본부터 생각을 바꾸는 개혁을 지향해야 한다. 경영 체질을 개혁하는 일인 데다가 상위에 있는 중요한 사항을 대상으로 하는 일이 많기 때문에, 지금까지 행해지던 개선의 연장으로 생각해서는 안 된다. 전체적인 개혁이라는 것을 모두가 숙지해야 한다.

미국 경제지에서는 이미 '업무 프로세스를 철저히 효율화하라. 기업들이 자사에 남겨야 할 기능은 전략과 브랜드다. 나머지는 전부 아웃 소싱으로 가라'는 이야기가 일반화되어 있다. 일본의 유력 경영자 단체에서도 IT 재검토 목소리가 높아지고 있다. 경영의 참된 힘을 결집하기 위해서는 경영 측면의 전략과 시스템 측면의 기술이 진정한 일체화를 이루어야 하며, 그때에 비로소 기업의 대단한 힘이 창출된다는 것이다. 그들은 지금의 IT는 정보처리에만 급급하며, 이래서는 IT 혁명이 될 수 없다고 목소리를 높인다.

또 어느 기업에서는 조직의 목표 과제에 지장을 주는 요소를 철저하게 없애기로 했다. 특히 어떤 개선 노력이 작업 공정의 허용량을 초과한다면 이는 과잉 재고나 도중하차 업무를 늘릴 뿐이므로 지금까지의 부분적인 개혁에서 벗어나 전체적인 개혁을 감행하기로 했다.

이는 평소 기업 활동 중에서 목적의식을 잃은 채 행동하는 경우를 지적하는 목소리라고 할 수 있다. 즉, 가장 중요한 목적을 생각하지 않은 채 기업 활동을 해왔던 것이 바로 기업의 혁신을 방해해 온 요인이라는 것을 이제야 깨달은 것이다. 무슨 일에 있어서든 목적을 먼저 생각하고 행동한다는 것은 모든 행동의 출발점이다.

그런데 인간이라는 것은 안타깝게도 어느샌가 풍습, 습관, 타성에 휩쓸리기 마련이라 원점으로 돌아와서 다시 생각하는 것을 종종 잊는다. 목적을 올바르게 인식하지 못하기 때문이다. 알기 쉬운 예를 들어 이야기해 보자.

어느 단조 공장에서는 무더운 여름날 작업자를 향해 에어컨 송풍구를 틀어 조금이라도 시원하게 작업할 수 있도록 했는데 좀처럼 효과가 없었다. 더워지면 몸을 식히며 쉬엄쉬엄하느라 작업 효율이 별로 오르지 않았다. 뭔가 좋은 방법이 없겠느냐고 나에게 묻기에 "목적이 뭡니까?"라고 물으니 "냉풍을 쐬게 하는 것"이라는 대답이 돌아왔다. 나는 그것이 아니라 "작업자들이 시원하게 작업할 수 있는 것"이 목적이라고 했다. 그리고 작업복에 주머니를 많이 달아 인체를 차갑게 하는 아이스 겔을 넣으면 어떻겠냐고 제안했다. 테스트 결과는 대성공이었다.

이제 와서 새삼 말할 것도 없지만, 예로부터 내려오는 말 중에 '기본으로 돌아가라', '원점으로 돌아가라', '원점에 서라', '초심을 잃지 마라' 등 기본과 관련된 수많은 명언이 있다. 일을 하고 개혁해 가기 위해서는 한번은 이렇게 원점으로 돌아가 생각하는 것이 필요하다. 외국인에 비해 일본인은 조직, 제도, 관습, 방법, 수단 등에 너무 얽매여 있어서, 본질을 추구하고 목적을 향해 행동하는 가장 중요한 점이 뒤떨어져 있어 안타깝다.

목적 연구와 작업 연구는 다르다 _____

다음으로 중요한 것은 목적과 수단과 역할을 명확하게 나누어 문제를 파악하는 것이다. 다음의 이야기는 기술적으로 다소 깊이 들어간 이야기지만, 중요한 부분이므로 말해 두고 싶다.

지금으로부터 한참 전의 이야기다. 미국 국방성에서 VE(가치공학이란 말로 제품이나 서비스 기능의 향상과 코스트의 인하를 실현하려는 경영관리 수단-편집자 주)에 관한 영상이 들어왔을 때 나는 VA/VE(비용대비 가치 효용성을 고려해 제품·서비스의 가치를 제고하는 비용절감 기법-편집자 주)를 지향하는 사람들과 이 영상을 보았다. 다른 사람들은 이 영상에 크게 감동했으나, 나는 혼자 다른 주장을 했다.

난 국방성의 전문가에게 "쥐덫의 기능은 무엇일까요?"라고 물었고, 그는 "쥐를 잡는 것"이 아닌 "쥐를 죽이는 것"이라고 대답했다.

이에 대한 내 대답은 "그건 대답이 될 수 없습니다"였다.

"쥐덫의 목적은 쥐를 죽이는 것이고, 그 목적을 위한 작업(기능)의 일환으로 쥐를 잡는 것입니다. 하지만 이 영상에서는 목적과 작업(기능)이 구분되어 있지 않습니다."

VA/VE에는 목적에 입각해서 개혁안을 전개하는(신제품 개발) 면과, 작업에 입각해서 개혁안을 전개하는 방법(현 제품 개량 또는 개선)의 두 가지가 있다. 이것이 설계를 중심으로 개발하는 VE측과 기능을 중심으로 개선하려고 하는 VA측으로 크게 나뉘어 설계는 VE, 구매는 VA로 이분화되고, 설계는 목적 연구의 기능 설계법으로, 구매는 작업 연구의 기능 분석법으로 이어진다.

목적을 추구하며 발전시키는 것과, 작업을 추구하며 발전시키는 것은 그 범위와 활동이 매우 다르다. 예를 들어 현재 인원만으론 감당할 수 없는 증산을 하게 될 때, 먼저 그 목적을 생각한 다음에 목적이 '노동력을 확보한다'는 것임을 확인하고 이를 위해 어떻게 해야 할지를 생각하는 것과, 작업 연구의 관점으로 '사람을 채용한다' 방향으로 나아가는 것은 결과가 자연스럽게 달라질 것이다.

목적을 추구하는 행동은 이전보다 뛰어난 새 시스템이나 현재와는 전혀 차원이 다른 새 업무 개발로 연결될 수 있다. 하지만 작업을 추구하는 행동은 그 작업을 하는 다른 대체안만을 선택하게 할 뿐이다.

목적을 생각하는 것이야말로 모든 행동의 출발점이 되어야 한다. 인간이란 존재는 애석하게도 무의식중에 타성에 빠지기 쉬운 동물이기에 원점으로 되돌아가서 다시 생각하는 일을 종종 잊어버린다.

독자 여러분도 인간의 사고방식이라든가 행동, 업무를 개혁해 나가기 위해서는 다시 한 번 원점으로 되돌아가서 사물을 생각해 보는 것이 중요하다는 점을 깨달았을 것이다. 지금까지 예로 든 이야기에서 이 점은 충분히 입증되었다고 믿는다.

내가 어째서 이 책의 제목을 『원점에 서다』라는 딱딱한 말로 정했는지도 이로써 충분히 이해할 수 있을 것이다. 나는 일의 특성상 여러 외국을 여행하면서 다양한 사람과 만나 대화를 나누고 수많은 기업을 방문해 온갖 기업 활동을 목격했다. 외국과 비교해볼 때 일본기업의 경영자, 관리자, 영업자들은 너무나도 조직과 제도, 규정, 관습, 방법 등에 얽매여있다. 이들은 본질을 추구하고 목적에 맞춰 행동한다는 중요한 지점으로부터 많이 뒤떨어져 있다.

주식회사라는 것은 수익을 올리고 돈을 버는 것을 최종목표로 삼는다. 따라서 아무런 위험 요소가 없고, 안전하고 쾌적하게 물자나 서비스를 제공하는 회사라도 이익을 내지 못하는 곳이라면 아무 쓸모도 없을 것이다. 돈을 번다는 것은 기업의 원점임과 동시에 종점이기도 하고 기업 내 모든 영역의 활동과 연관이 있다. 그런데 일본기업 중 수익을 착실히 내고 있는 회사의 임원과 관리자, 종업원의 모든 활동들이 한결같이 목적과 목표를 향해 수행되고 있는가 하면 그렇지도 않다. 각자의 목적이 확고하지 않거나 목적을 생각하지 않거나 또는 착각하고 있는 경우가 많기 때문에 이곳저곳에서 낭비가 벌어지고 있다.

TV에서 '당신은 워커홀릭형입니까, 천하태평형입니까?'하고 양자택일을 강요하는 듯한 좌담회를 시청하다 보면 이들이 가장 중요한 한 가지를 망각하고 있다는 생각이 든다.

저널리즘의 세계에서는 워커홀릭형, 게으름뱅이형, 천하태평형 따위의 용어를 사용한다. 이런 단어들은 확실히 화제를 만들어 내고 대중의 흥미를 돋구기도 하기에 재미있고 써먹기도 쉬운 말일지 모른다. 그러나 기업에서 요구하는 것은 그런 사원이 아니다. 기업에서 필요로 하는 사원은 끊임없이 목적을 재확인해 가면서 행동하는 목적형 인물일 것이다.

이 목적형 인물이라는 것은 한 가지 목적을 향해 최소의 경비로 목적을 실현하는 사람을 말한다. 이런 인물은 아침 일찍부터 밤늦게까지 한시도 쉬지 않고 부지런히 일하는 워커홀릭형도 아니고, 남은 남이고 나는 나라고 느긋하게 버티는 천하태평형도 아니다. 인생의 보람을 회사생활에서만 찾게 하려는 것은 경영자의 억지이며 그렇게 하려는 사람도 별로 없을 것이다. 그러나 모두 한평생 일하며 사는 이상, 일에서 보람을 찾으려 하는 것도 당연한 일이다.

나는 일하는 보람이라는 것은 목적을 직시하고 행동함으로써 비로소 얻을 수 있는 것이라고 굳게 믿는다.